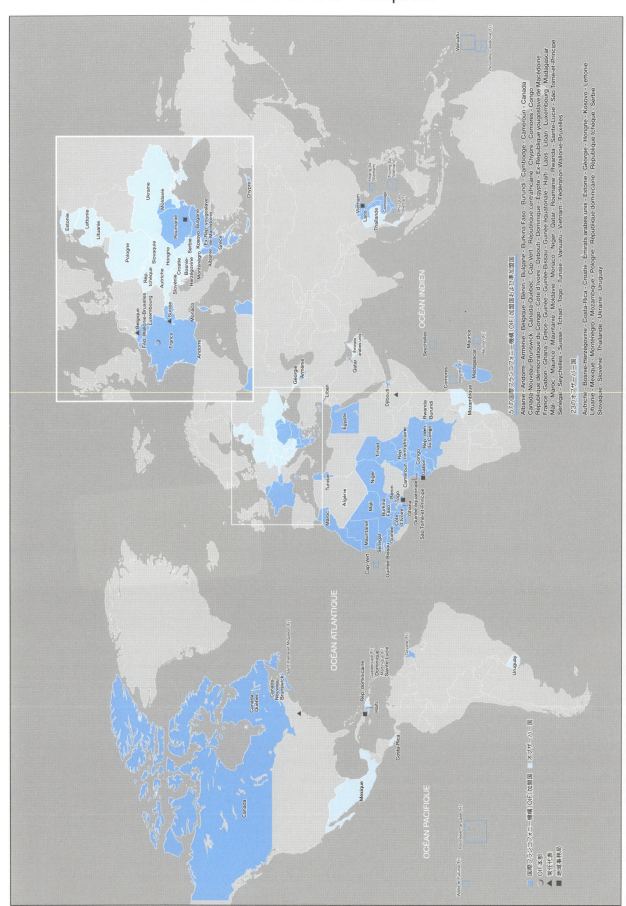

Carte du monde de la Francophonie

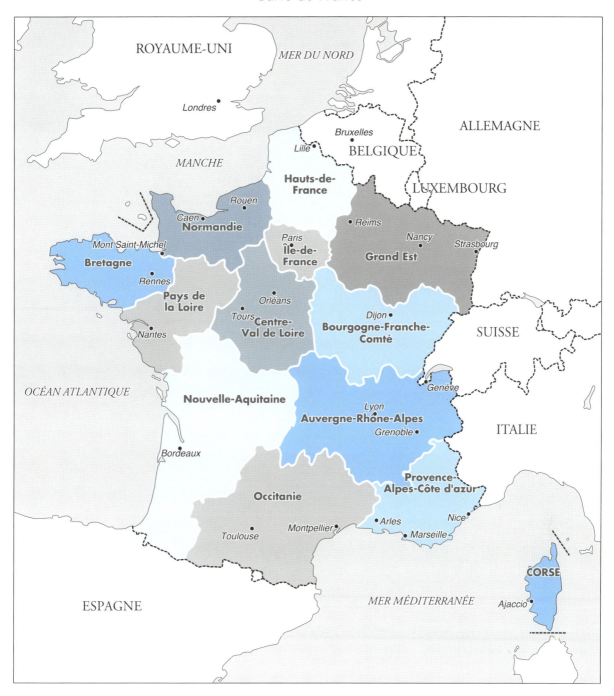

PARALLÈLE
1

Shoko Oiwa
Hisao Sakamoto
Mari Tamura
Masaru Yoneyama
Fabrice Levallois

HAKUSUISHA

―― 音声ダウンロード ――

この教科書の音源は白水社ホームページ (http://www.hakusuisha.co.jp/download/) からダウンロードすることができます（お問い合わせ先：text@hakusuisha.co.jp）。

※本書の使用単語は約 900 語、初学者が身につけるべき最重要単語約 550 語（『ディコ仏和辞典』）をほぼ網羅しています。

※本書『パラレル 1』の続編として、『パラレル 2』があります。

装丁・本文デザイン	細野 綾子
表紙装画・本文イラスト	瀬川 尚志
音声ナレーション	Marie-Paule Nakamura　　Fabrice Levallois
	Anne-Claire Cassius　　Yannick Deplaedt
	Laurent Annequin

はじめに

　この教科書は、初めてフランス語に取り組むことになったみなさんのために、「学びやすく、また使いやすいものを」という思いでつくりました。

　「パラレル」Parallèle は、フランス語の「文法」Grammaire と「会話」Conversation が、枕木のうえのレールのように堅固に構成され、「同時進行」することを表しています。フランス語の基礎が確実に身につくように工夫した総合教材です。

　「会話」パートの主人公は、みなさんよりもほんの少し年上の青年です。パリのホテルで働くことになり、フランス語を使って奮闘します。文法事項を頭に入れたら、会話のスキットを全部覚えてしまいましょう。音声をよく聞いて、何度も大きな声で発音し、劇のように登場人物になりきって演じてみてください（1〜6課までのスキットは、区切りながら聞けるように少しポーズをあけたパターンも収録されています）。また、動詞の活用や基本的な表現をしっかり覚えましょう。表現を覚えながら繰り返し学習するうちに、はじめは難しく思えたルールが「ああ、そういうことか」とわかるようになるはずです。

　この教科書に載っている会話文を暗唱できるようになったら、試しにフランス語圏の国や地域を旅行してみるのもいいかもしれません。たとえツアー旅行でも、フランス語を使う機会はあるはずです。そしてなにより、フランス語を通じて、多様な文化、多様な世界にふれてください。大きなたのしみのために、少しがんばってみましょう。

　本書の作成にあたっては、名古屋外国語大学の先生方から多くの助言をいただきました。この場を借りて御礼を申し上げます。また素敵なイラストを描いていただいた瀬川尚志さんにも、心から御礼を申し上げます。

　本書をお使いくださる先生方には、お気づきの点についてご教示いただければ幸いです。

2017 年 10 月
著者一同

PARALLÈLE 1

sommaire

Introduction p. 6	1 フランス語の音の種類と発音記号 2 アルファベ 3 綴り字記号 4 綴り字の読み方 5 リエゾン、アンシェヌマン、エリズィヨン 6 アクセント 7 句読記号 8 あいさつなどの基本表現	コラム：フランス語のあいさつ
Les Personnages p. 11	登場人物紹介	

	GRAMMAIRE	CONVERSATION
Leçon 1 p. 12	1 名詞の性と数 2 不定冠詞と定冠詞 3 提示の表現	**À Paris** あれは何ですか？ p.14 ◆フランス語圏のファーストネームの例 コラム：あいさつの仕方（握手とキス）
Leçon 2 p. 18	1 主語人称代名詞 2 動詞 être の直説法現在 3 形容詞の一致 □ 数詞 1（1～20）	**Présentations** 私は日本人です p.20 ◆国名と国籍　◆身分・職業 コラム：人種のモザイク
Leçon 3 p. 24	1 動詞 avoir の直説法現在 2 否定形 3 指示形容詞 □ 数詞 2（2～60）	**À l'hôtel** 空いている部屋はありますか？ p.26 コラム：動詞の活用の調べ方
Leçon 4 p. 30	1 第 I 群規則動詞（-er 動詞）の直説法現在 2 疑問文と応え方 3 所有形容詞	**La famille** きょうだいはいますか？ p.32 ◆言語　◆家族と親戚 コラム：tu で話す
Leçon 5 p. 36	1 不規則動詞 aller, venir の直説法現在、 　前置詞 à, de と定冠詞の縮約 2 疑問形容詞 3 人称代名詞強勢形 4 命令法 □ 数詞 3（61～100）	**Le cinéma** 映画を見に行きませんか？ p.38 ◆場所を示す前置詞　◆四季

	GRAMMAIRE	CONVERSATION
Leçon 6 p. 42	1 不規則動詞 faire の直説法現在 2 不規則動詞 partir, voir の直説法現在 3 近接未来と近接過去 4 疑問副詞 □ 序数	**Les vacances** 明日バカンスに出かけます　p.44 ◆ 曜日と12か月
Leçon 7 p. 48	1 第2群規則動詞（-ir動詞）の直説法現在 2 形容詞の性数変化 2 付加形容詞の位置	**Souvenirs de vacances** この建築物はとても古そうですね　p.50 コラム：さまざまなフランス語
Leçon 8 p. 54	1 不規則動詞 pouvoir, vouloir の直説法現在 2 不規則動詞 prendre, mettre の直説法現在 3 部分冠詞 □ 数量表現	**Au restaurant** 料理は何を選ぶの？　p.56 ◆ 食べものと飲みもの コラム：フランスの地方料理
Leçon 9 p. 60	1 不規則動詞 savoir, connaître の直説法現在 2 補語人称代名詞	**À la réunion** 私は彼女をよく知っています　p.62 ◆ 量や程度をしめす副詞 ◆ 頻度をしめす副詞 コラム：フランスの観光
Leçon 10 p. 66	1 過去分詞 2 直説法複合過去	**Le stage à Tokyo** 富士山は見ましたか？　p.68 ◆ 時間の表現 コラム：フランス人の仕事について
Leçon 11 p. 72	1 疑問代名詞 2 不規則動詞 entendre の直説法現在 3 不規則動詞 dire, écrire, lire の直説法現在	**Coup de téléphone** 誰をさがしているのですか？　p.74 コラム：アペリティフについて
Leçon 12 p. 78	1 不規則動詞 devoir の直説法現在 2 非人称構文 □ 時刻の表現	**La fête de Noël** 日本では雪はたくさん降りますか？　p.80 ◆ 方角

Appendice p. 84	1 基本文型　　　　　　　　　　2 第1群規則動詞で一部特別な形になるもの 3 補語人称代名詞　　　　　　4 代名動詞 5 中性代名詞 en, y, le
Conjugaison p. 87	動詞活用表

INTRODUCTION

1 フランス語の音（sons）の種類と発音記号（alphabet phonétique）

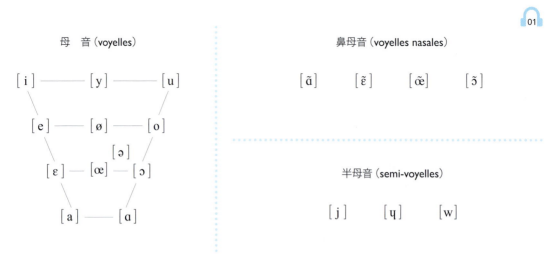

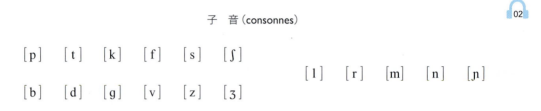

2 アルファベ（alphabet）

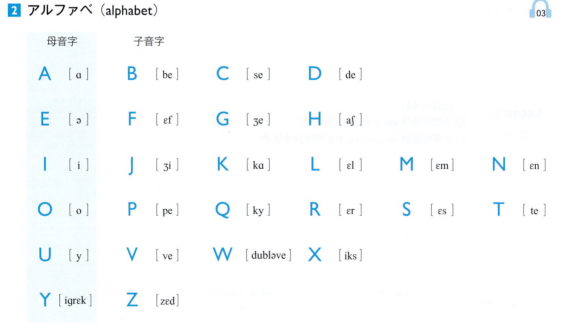

INTRODUCTION

3 綴り字記号 (signes orthographiques)

´	accent aigu	é	t**é**l**é**vision　caf**é**
`	accent grave	à, è, ù	**à**　p**è**re
^	accent circonflexe	â, ê, î, ô, û	h**ô**tel　m**û**r
¸	cédille	ç	**ç**a　fa**ç**on
¨	tréma	ë, ï, ü	égo**ï**ste
'	apostrophe		l**'**ami
-	trait d'union		après**-**midi

4 綴り字の読み方 (orthographe et lecture)

綴り字の読み方には規則性があります。ここでは、単語を発音する際の留意事項（発音されない綴り字）と主な綴り字の読み方を学びます。

● 発音されない綴り字

1. 語末の子音字は、原則として、発音されない。Paris, bras, restaurant
   ただし、c, f, l, r は発音されることが多い。avec, chef

2. 語末の e は、発音されない。table, madame
   ただし、je, le, de, ce, ne, me, te, que などの一音節語では、軽く [ə] と発音される。

3. 語頭の h は、発音されない。hôpital

● 綴り字の読み方

単母音字	a	[a ɑ]	t**a**ble　cl**a**sse
	à	[a]	l**à**　d**é**j**à**
	â	[ɑ]	**â**ge　**â**me
	e	[ə]	d**e**mi　m**e**nu
		[無音]	banan**e**　sam**e**di
		[e]	ass**e**z　n**e**z
		[ɛ]	conc**e**rt　s**e**c
	é	[e]	caf**é**　**é**l**é**gance
	è, ê	[ɛ]	m**è**re　b**ê**te
	i, î, y	[i]	**i**c**i**　**î**le　st**y**le
	o, ô	[ɔ o]	m**o**de　d**ô**me
	u, û	[y]	c**u**lture

7

INTRODUCTION

複母音字	ai, ei	[ɛ]	maison　beige	07
	au, eau	[ɔ　o]	restaurant　beau	
	ou	[u]	boutique　nouveau	
	eu, œu	[ø　œ]	euro　heureux　sœur	
	oi	[wa]	toi et moi　bois	
鼻母音	an, am, en, em	[ɑ̃]	vacances　ensemble	08
	in, im, yn, ym	[ɛ̃]	dessin　symbole	
	ain, aim, ein, eim		pain　peinture	
	on, om	[ɔ̃]	salon　nom	
	un, um	[œ̃]	lundi　parfum	
	oin	[wɛ̃]	coin　point	
	ien	[jɛ̃]	bien　chien	
半母音	母音字 + il, ill	[– j]	travail　bouteille	09
	子音字 + ill	[– ij]	famille　fille　cédille	
			ただし ville [vil]　mille [mil]	
子音字	c	[k]	ca, co, cu	coca　copie　cube	10
		[s]	ce, ci, cy	ceci　place　cycle	
	ç	[s]	ça, ço, çu	ça　garçon　leçon	
	g	[g]	ga, go, gu	gare　gomme	
		[ʒ]	ge, gi, gy	image　énergie	
	ge	[ʒ]	gea, geo, geu	pigeon　voyageur	
	gu	[g]	gue, gui	langue　guide	
	qu	[k]		banque　quand	
	s	[s]		sac　aussi　sucre	
		[z]	（母音字 + s + 母音字）	rose　cuisine	
	ch	[ʃ]		chanson　chocolat	
				ただし écho [eko]	
	gn	[ɲ]		cognac　montagne　Avignon	
	ph	[f]		photo　alphabet	
	th	[t]		thé　méthode	

8

INTRODUCTION

5 リエゾン（liaison）、アンシェヌマン（enchaînement）、エリズィヨン（élision）

リエゾン	発音されないはずの語末の子音字が次にくる母音とともに発音されるようになること。	les amis nous avons
アンシェヌマン	語末の子音が次にくる母音につなげて発音されること。	une école, il a
エリズィヨン	le, la, je, me, te, ce, de, ne, que などが、次に母音がくるときに母音字が省略され、l', l', j', m', t', c', d', n', qu' となること。	le ami → l'ami je ai → j'ai

● 無音の h（h muet）と有音の h（h aspiré）

語頭の h は発音されませんが、次の区別があります。

無音の h	母音字で始まる語と同じ扱い	un hôtel, l'hôtel
有音の h	子音字で始まる語の扱い	un héros, le héros

→ リエゾン、アンシェヌマン、エリズィヨンが起こるのは、文字について言えば、母音字または無音の h で始まる語との間においてである。

6 アクセント（accent tonique）

最後の音節が若干強く発音されます。

1. prome**nade**　　nou**veau**　　cha**t**

2. un livre intéres**san**t

3. Elle chante **bien**.

7 句読記号（signes de ponctuation）

.	,	;	:	?
point	virgule	point-virgule	deux points	point d'interrogation

!	…	–	« »	( )
point d'exclamation	points de suspension	tiret	guillemets	parenthèses

PRONONCIATION

次の語句を発音しましょう。

BNP　　SNCF　　TGV　　café au lait　　cinéma　　croissant

début　　escargot　　gourmet　　journaliste　　métro

question　　rouge　　symphonie　　théâtre　　attention

Bordeaux　　Espagne　　Europe　　Marseille　　Seine

Albert Camus　　Victor Hugo　　Jeanne d'Arc

INTRODUCTION

8 あいさつなどの基本表現（salutations）

1. Bonjour, Monsieur.
   – Bonjour, Mademoiselle.
   Comment allez-vous ?
   – Je vais bien, merci. Et vous ?
   Moi aussi, je vais bien.

2. Salut, Philippe.
   – Salut, Sylvie.
   Comment ça va ?
   – Ça va bien, merci. Et toi ?
   Moi, ça va. / Comme ci comme ça.

3. Au revoir, Jean.
   – Salut, Marie. À demain.

4. Merci beaucoup.
   – Je vous en prie.

5. Pardon, Madame. Excusez-Moi.

6. D'accord ?
   – D'accord.

フランス語のあいさつ

　Bonsoir（こんばんは）と Bonne nuit（おやすみなさい）も一緒におぼえておきましょう。Bonjour は日が出ている間のあいさつで、「おはよう」も Bonjour です。Bonsoir は日が出ていない間のあいさつなので、冬など早く日が沈むころは午後3時ごろから使われることもあります。午前中の別れのあいさつとして Bonne journée !（良い一日を！）という言い方もあります。

　ひとりの男性に呼びかけるときは Monsieur ですが、複数の男性に呼びかけるときには Messieurs となります。女性に対して使う Madame も複数の女性に呼びかけるときには Mesdames に、Mademoiselle は Mesdemoiselles となります。

LES PERSONNAGES

登場人物紹介

Takeshi Yamaguchi
japonais

日本の大学で経営学・観光学を専攻。卒業後、大手ホテルチェーンに就職。パリのホテルで1年間の研修を受けることになった。趣味は旅行・スキー。

Sophie Dupont
française

タケシが研修するホテルで、企画・営業を担当。東アジア研究者である父の影響で、幼いころからアジア文化に関心を持ち、日本で働いた経験もある。

Minh Nguyen
français

ベトナム系フランス人。タケシの同僚。祖父が戦前フランスに留学し、以後フランスに移り住む。19歳の大学生の妹アンヌ＝マリーがいる。

Lisa Tompson
américaine

アメリカ・ボストン出身。パティシエ修行のため、パリのレストランで働いている。タケシとは語学学校のクラスメイト。

Michel Petit
français

タケシたちの上司で、ホテルの支配人。これまで世界10か国以上のホテルで働いた経験をもつ。モーリシャス島にプチ・ホテルをつくるのが夢。

Sylvie Casals
espagnole

両親はカタルーニャ人。タケシの同僚で、ホテルの受付・予約部門の主任。ジョアン・ミロやサルバドール・ダリをこよなく愛す。

Leçon 1 GRAMMAIRE

1 名詞の性（genre）と数（nombre）

性 名詞には、**男性名詞**（nom masculin）と**女性名詞**（nom féminin）があります。

| 男性名詞 | père | soleil | livre | étudiant |
| 女性名詞 | mère | lune | maison | étudiante* |

＊一部の名詞には、〈男性形＋e〉で女性形になるものがある。▶「形容詞の一致」Leçon 2, p.18

数 名詞には、**単数形**（singulier）と**複数形**（pluriel）があります。

単数形 ＋ s → 複数形
（ただし、この s は発音されない）

livre → livres
étudiant → étudiants

→ 特別なもの：fils → fils,　journal → journaux,　bateau → bateaux, etc.

2 不定冠詞（articles indéfinis）と定冠詞（articles définis）

不定冠詞　「ある〜」（不特定のもの）あるいは「1つ（1人）の〜」「複数の〜」という意味で用いられます。

	単 (sing.)	複 (pl.)
男 (m.)	un	des
女 (f.)	une	

un livre　　　　　*des* livres
un étudiant　　　*des* étudiants
une maison　　　*des* maisons
une étudiante　　*des* étudiantes

定冠詞　「その〜」「それらの〜」（特定されるもの）あるいは「〜というもの」（総称）という意味で用いられます。

	単 (sing.)	複 (pl.)
男 (m.)	le (l')	les
女 (f.)	la (l')	

le livre　　　　　*les* livres
*l'*étudiant　　　　*les* étudiants
la maison　　　　*les* maisons
*l'*étudiante　　　*les* étudiantes

→ (　) 内は、母音字（または無音の h）の前の形。　× le étudiant　〇 l' étudiant

3 提示の表現

Voici un dictionnaire.　　*Voici* des dictionnaires.

Voilà une table.　　*Voilà* des tables.

Voilà une montre. C'est la montre de Julien.

Voici Paul et *voilà* Marie.

C'est une chaise.　　*Ce sont* des chaises.

C'est un crayon.　　*Ce sont* des crayons.

Ce sont les crayons de Takeshi.

GRAMMAIRE Leçon 1

Qu'est-ce que c'est ? — C'est une école.

— Ce sont des arbres.

— C'est un musée. C'est le musée d'Orsay.

→ qu'est-ce que は「疑問代名詞」▶ Leçon 11, p. 72

EXERCISES

A. 名詞に不定冠詞 (un, une, des) をつけましょう。

1. _____ garçon
2. _____ chambre
3. _____ chiens
4. _____ lit
5. _____ voiture
6. _____ amis
7. _____ chaise
8. _____ fleurs

B. 名詞に定冠詞 (le, la, l', les) をつけましょう。

1. _____ famille
2. _____ homme
3. _____ sport
4. _____ vacances
5. _____ musique
6. _____ télévision
7. _____ amie
8. _____ fenêtre

C. それぞれの名詞を、単数は複数に、複数は単数にしましょう（冠詞の種類はそのまま）。

1. un sac _____
2. des étudiants _____
3. une chanson _____
4. des filles _____
5. la femme _____
6. les chats _____
7. l'ami _____
8. les amies _____

D. 適切な冠詞を書きましょう。

1. Voilà _____ maison. C'est _____ maison de Jean.
2. Voici _____ livres. Ce sont _____ livres de Marie.
3. Voilà _____ appartement. C'est _____ appartement de Sophie.

E. フランス語で表現しましょう。

1. あそこにかばんがあります。あれはジャンのかばんです。　　＊ジャン：Jean

_____

2. それは何ですか？ —それは車です。

_____

13

Leçon 1 · CONVERSATION

À Paris

あれは何ですか？

ホテルチェーンで働いているタケシは、パリのホテルでの 1 年の研修を命じられました。パリの空港に降り立ったタケシを同僚のソフィー・デュポンが出迎えます。

Takeshi : **Bonjour.**

Sophie : **Bonjour, Monsieur.**

Vous êtes bien Monsieur Takeshi Yamaguchi[*1] ?

Takeshi : **Oui, c'est moi[*2].**

Sophie : **Moi, c'est Sophie Dupont. Enchantée[*3].**

Takeshi : **Enchanté.**

[*1] Vous êtes bien 〜 ? : 「あなたは〜ですか？」
[*2] Oui, c'est moi. : 「はい、私です」
[*3] Enchantée. : 「はじめまして」。語尾に e がついているのは女性の発言のため。発音は Enchanté と同じ。

◆ フランス語圏のファーストネームの例（prénoms）

女 性

Agnès	アニエス	**Hélène**	エレーヌ	**Margot**	マルゴ
Claire	クレール	**Julie**	ジュリー	**Nathalie**	ナタリー
Françoise	フランソワーズ	**Léa**	レア	**Sophie**	ソフィー
Anne-Marie	アンヌ=マリー				

男 性

Charles	シャルル	**Jean**	ジャン	**Michel**	ミシェル
François	フランソワ	**Jacques**	ジャック	**Philippe**	フィリップ
Henri	アンリ	**Louis**	ルイ	**Pierre**	ピエール
Jean-Michel	ジャン=ミシェル				

CONVERSATION Leçon 1

車でパリ市内を走りながら、タケシは気になった建物を指してソフィーにたずねます。

Takeshi : Sophie, c'est une gare ?

Sophie : Oui, c'est la gare de Lyon. Et à droite[*4], c'est l'Hôtel de Ville.

Takeshi : Et à gauche[*5], qu'est-ce que c'est ?

Sophie : C'est un musée. C'est le musée d'Orsay.

Takeshi : C'est magnifique ! Regardez[*6] ! Voilà des bateaux.

Sophie : Ce sont des bateaux-mouches.

*4 à droite :「右に」　　*5 à gauche :「左に」　　*6 Regardez !:「ほら！」「見てください」

● パリの観光

la gare de Lyon
リヨン駅

l'Hôtel de Ville
市庁舎

le musée d'Orsay
オルセー美術館

les bateaux-mouches
セーヌ川観光船

EXPRESSIONS

Qu'est-ce que[*7] ça[*8] veut dire, « Hôtel de Ville » ?

　Hôtel de Ville とはどういう意味ですか？

– Ça veut dire « shi-cho-sha ».

　それは「市庁舎」という意味です。

*7 Qu'est-ce que : 疑問代名詞 ▶ Leçon 11, p.72
*8 ça :「それ」という意味で、主語や目的語などとして会話でよく用いられる。

PRONONCIATION

A. リエゾンに気をつけて発音しましょう。

Qu'est-ce que c'est ?　　– C'est un musée. / – C'est une gare.

B. フランス語には、2つまたは3つの母音字で1つの母音になる**複母音字**があります。Leçon 1 に出ているものを手がかりに確実に覚えておきましょう。

1. ai, ay, aî, ei　　[ɛ]　　maison　vrai　affaire　Orsay　neige
2. au, eau　　[ɔ, o]　　Paul　restaurant　gauche　aussi　bateau(x)
3. eu, œu　　[ø, œ]　　bleu　peu　seul　fleur　heure　cœur
4. ou, où, oû　　[u]　　bonjour　vous　bouche　doute　où　autour
5. oi, oî　　[wa]　　voilà　moi　loi　mademoiselle　droite　boîte

Leçon 1 — CONVERSATION

ACTIVITÉS

A. 例にならって下線部を入れ換え、やりとりをしましょう。

ex. a: Qu'est-ce que c'est ?
　　b: C'est un cahier. C'est le cahier de Sophie.

ex.

un cahier

1.

une gomme

2.

un sac

3.

un livre

4.

une trousse

5.

une montre

B. 例にならって下線部を入れ換え、やりとりをしましょう。

ex. a: Qu'est-ce que ça veut dire, « Bonjour » ?
　　b: Ça veut dire « kon-ni-chi-wa ».

ex.

Bonjour

1.

Au revoir

2.

la gare

3.

le musée

4.

le bateau

C. 音声を聞いて、フランス語を書きましょう。 🎧 25

1. _____ , Monsieur.

2. _____ une gare ?

3. C'est _____ gare _____ Lyon.

あいさつの仕方（握手とキス）

家族や親しい友人（女性と女性、男性と女性）の間では、お互いに頬を当ててキスの音を出すあいさつ（ビズ：**la bise**）をします。回数は標準的に右・左と2回、地方によっては1〜4回で、いずれも右側から始めます。男性と男性や、親しくない人同士などの間では握手をします。しっかり相手の目を見ながら、右手でギュッと握ってサッと放すのがコツです。

VOCABULAIRE — Leçon 1

辞書を使って単語の意味を調べましょう。

	ami(e)	友達	( ) gomme	
(un) appartement	アパルトマン		( ) homme	
( ) arbre	木		( ) journal(aux)	
( ) bateau(x)			( ) leçon	
( ) cahier			( ) lit	
(une) chaise	イス		( ) livre	
( ) chambre			(la) lune	
( ) chanson			magnifique	
( ) chat			( ) maison	
( ) chien			( ) mère	
( ) crayon			( ) montre	
( ) dictionnaire			( ) musée	
( ) école			( ) musique	
	étudiant(e)		( ) père	
( ) famille			( ) sac	
( ) femme			( ) soleil	
( ) fenêtre			( ) sport	
( ) fille			( ) table	
( ) fils			( ) télévision	
( ) fleur			( ) trousse	
( ) garçon			(des) vacances (複数で)	
( ) gare			( ) voiture	

Leçon 2　GRAMMAIRE

主語人称代名詞

		単 (sing.)	複 (pl.)
1人称		je (j')	nous
2人称		tu	vous
3人称	男 (m.)	il	ils
3人称	女 (f.)	elle	elles

→ （　）内は、母音字（または無音の h）の前の形。

→ tu は特に親しい間柄で用いられ、vous は 2 人称単数としても用いられる。

→ 3人称は「もの」も指す。

2 動詞 être の直説法現在

être

je	suis	nous	sommes
tu	es	vous	êtes
il elle	est	ils elles	sont

Je *suis* étudiant*.

Je *suis* étudiante*.

Nous *sommes* étudiants.

Elle *est* à la maison.

＊職業・身分、国籍などでは無冠詞。

3 形容詞（adjectifs）の一致

形容詞は、関係する名詞（あるいは代名詞）の性と数に一致します。

vert*

	単 (sing.)	複 (pl.)
男 (m.)	vert	verts
女 (f.)	verte	vertes

＊形容詞の代表形（辞書の見出し）は男性単数

une jupe vert*e*　　Ils sont grand*s*.

une grand*e* maison　　Sophie est charmant*e*.

→ 形容詞が名詞につくときは、原則として名詞のあと。一部の形容詞は名詞の前につく。▶ Leçon 7, p.49
→ 形容詞の性数変化については、▶ Leçon 7, p.48
→ 一部の名詞には、形容詞と同様、〈男性形 + e〉で女性形になるものがある：ami / amie, étudiant / étudiante, etc.
　　ただし、chanteur / chanteuse, acteur / actrice, etc.

● être ＋属詞（属詞の性数一致）

動詞 être には、「〜である」「ある（存在する）」といった意味がありますが、「〜である」という場合の「〜」にくる形容詞や名詞は、主語の属性を表わし、**属詞**（attribut）と呼ばれます。属詞は主語の性数に一致します。

Elle est grand*e*.　　Ils sont intelligent*s*.

Nous sommes ami*s*.　　Elles sont étudiant*es*.

GRAMMAIRE Leçon 2

数　詞 (nombres) 1 (1 ～ 20)

1 un (une)	2 deux	3 trois	4 quatre	5 cinq	6 six	7 sept
8 huit	9 neuf	10 dix	11 onze	12 douze	13 treize	14 quatorze
15 quinze	16 seize	17 dix-sept	18 dix-huit	19 dix-neuf	20 vingt	

EXERCISES

A. être を現在形に活用させ、文全体を訳しましょう。

1. Je _____ avocat.
2. Nous _____ japonais.
3. Il _____ à la maison.
4. Elle _____ de Normandie.
5. Tu _____ méchant !
6. Elles _____ chinoises.

B. (　) 内の形容詞を名詞に一致させましょう。

1. une jupe _____ (court)
2. une _____ voiture (petit)
3. une valise _____ (lourd)
4. des étudiants _____ (intelligent)

C. (　) 内の形容詞を主語に一致させましょう。

1. Marie est _____ . (content)
2. Elles sont _____ . (fatigué)
3. Alain et Paul sont _____ . (riche*)　　　*↔ pauvre

D. (　) 内の名詞を主語に一致させましょう。

1. Nous sommes _____ . (ingénieur)
2. Jeanne est _____ . (étudiant)
3. Paul et Marie sont _____ . (français)

E. フランス語で表現しましょう。

1. 彼女は日本人です。

2. 彼らは記者です。　　　*記者：journaliste

Leçon 2 — CONVERSATION

Présentations

私は日本人です。

タケシはホテルで働くかたわら、フランス語を学ぶために語学学校にも通っています。ある日、タケシは授業の前にクラスメートに話しかけます。

Takeshi : Bonjour ! Je m'appelle*¹ Takeshi. Et vous ?

Lisa : Moi, je m'appelle Lisa. Vous êtes chinois ?

Takeshi : Non, je suis japonais. Je suis employé d'hôtel.

Lisa : Ah bon. Moi, je suis américaine. Je suis pâtissière.

*1 Je m'appelle 〜 :「私の名前は〜です」

EXPRESSIONS

On dit comment « dai-ga-ku-sei » en français ?
「大学生」はフランス語で何と言いますか？

– On dit « étudiant ».
étudiant と言います。

ACTIVITÉS

A. タケシのパートをあなた自身におきかえて、リサ役の学生と会話をしましょう。

Vous : Bonjour ! Je m'appelle ＿＿＿＿＿＿＿＿＿＿＿＿. Et vous ?

Lisa : Moi, je m'appelle Lisa. Vous êtes chinois(e) ?

Vous : Non, je suis ＿＿＿＿＿＿＿＿. Je suis ＿＿＿＿＿＿＿＿＿＿.

Lisa : Ah bon. Moi, je suis américaine. Je suis pâtissière.

B. Leçon 1（p.14）のリストから好きな名前を、下のイラストから国籍や身分・職業を選び、例にならって自己紹介をしましょう。

ex. Je m'appelle Agnès.　Je suis chinoise.　Je suis dessinatrice.

◆ 国名と国籍（pays et nationalités）

la France	le Japon	la Chine	les États-Unis	le Canada
français française	japonais japonaise	chinois chinoise	américain américaine	canadien canadienne

l'Angleterre	l'Espagne	la Belgique	la Suisse	le Viêtnam
anglais anglaise	espagnol espagnole	belge belge	suisse suisse	vietnamien vietnamienne

◆ 身分・職業（occupations）

étudiant (m.)　employé　infirmier　pâtissier　boulanger
étudiante (f.)　employée　infirmière　pâtissière　boulangère

cuisinier　chanteur　acteur　musicien　dessinateur
cuisinière　chanteuse　actrice　musicienne　dessinatrice

footballeur　médecin　avocat　architecte　professeur
footballeuse　　　　avocate　　　　professeure

Leçon 2   CONVERSATION

C. 例にならって下線部を入れ換え、やりとりをしましょう。

ex.　a:　On dit comment « ni-hon-jin » en français ?
　　　b:　On dit « japonais ».

ex.   1.   2.   3.

ni-hon-jin

kon-ni-chi-wa

sa-yo-na-ra

kon-ban-wa

D. 音声を聞いて、フランス語を書きましょう。

1. _____ m'appelle Takeshi.

2. _____ chinois ?

3. _____ employé d'hôtel.

PRONONCIATION

A. 語末の e は発音しません（[ə] や [ɛ] とは発音しません）。ただし、1 音節語では軽く [ə] と発音します。他の母音字と比べて発音してみましょう。

　　place　　vélo　　métro　　gare　　table　　école　　ami　　amie　　Canada
　　le　　de　　ce　　je　　ne　　que

B. 語末の子音字は一般的に発音されませんが、c, f, l, r は多くの場合、発音されます。語尾に気をつけて発音してみましょう。

　　étudiant / étudiante　　　japonais / japonaise
　　anglais / anglaise　　　　chinois / chinoise
　　sac　　chef　　hôtel　　bonjour

人種のモザイク

　パリに到着してすぐに、人種や民族の多様性に驚くことでしょう。しかし、ほとんどの人はれっきとした「フランス人」です。移民の受け入れに比較的寛容なフランスには、古くはポーランドなどの東欧やイタリア、スペインといったヨーロッパ他国から、戦後は北西アフリカやベトナムを中心とした旧植民地から、その時代ごとにまとまった数の移民がやってきました。

　移民には、フランス共和国の価値観と共和国の言語であるフランス語を共有することを条件に、フランスの国籍が認められます。その二世、三世、そしてそれ以上の世代とともに、現代の「モザイク」的なフランス社会を形作っています。サッカーのフランス代表チームには特に、その多様性を目にすることができます。

VOCABULAIRE — Leçon 2

辞書を使って単語の意味を調べましょう。

		acteur(trice)					grand(e)	
		américain(e)			(	)	hôtel	
(	l')	Angleterre					infirmier(ère)	
		anglais(e)					ingénieur(e)	
		architecte					intelligent(e)	
		avocat(e)			(	)	Japon	
		belge					japonais(e)	
(	la)	Belgique					journaliste	
		boulanger(ère)			(	)	jupe	
(	le)	Canada					lourd(e)	
		canadien(ne)					méchant(e)	
		chanteur(euse)					médecin	
		charmant(e)					musicien(ne)	
(	)	Chine			(	)	nationalité	
		chinois(e)			(	)	occupation	
		content(e)					pâtissier(ère)	
		court(e)					pauvre	
		cuisinier(ère)			(	)	pays	
		dessinateur(trice)					petit(e)	
		employé(e)			(	)	présentation	
(	)	Espagne					professeur(e)	
		espagnol(e)					riche	
(	)	États-Unis			(	la)	Suisse	
		être	(v.) ～である、～にいる				suisse	
		fatigué(e)			(	)	valise	
		footballeur(euse)					vert(e)	
(	)	France			(	)	Viêtnam	
		français(e)					vietnamien(ne)	

Leçon 3 GRAMMAIRE

1 動詞 avoir の直説法現在

avoir

j'	ai	nous	avons
tu	as	vous	avez
il / elle	a	ils / elles	ont

Elle *a* une voiture rouge.

Il *a* deux frères.

J'*ai* faim* !

* avoir faim

2 否定形　ne（n'）+ 動詞 + pas

être の否定形

je	ne suis pas
tu	n'es pas
il	n'est pas
nous	ne sommes pas
vous	n'êtes pas
ils	ne sont pas

avoir の否定形

je	n'ai pas
tu	n'as pas
il	n'a pas
nous	n'avons pas
vous	n'avez pas
ils	n'ont pas

Je *ne* suis *pas* médecin.

Ce *n'*est *pas* un musée.

Ce *ne* sont *pas* des cahiers.

Je *n'*ai *pas* sommeil*.

Tu *n'*as *pas* soif** ?

* avoir sommeil　** avoir soif

● 否定の de
　直接目的補語につく不定冠詞（および「部分冠詞」▶ Leçon 8, p.54）は、否定文では de (d') になります。

J'ai une montre.　→　Je n'ai pas *de* montre.

Elle a des bagages.　→　Elle n'a pas *de* bagages.

Ils ont des enfants.　→　Ils n'ont pas *d'*enfants.

3 指示形容詞（adjectifs démonstratifs）

「この〜」「その〜」「あの〜」という意味で、名詞の性数に合った形を用います。

	単 (sing.)	複 (pl.)
男 (m.)	ce (cet)	ces
女 (f.)	cette	

ce livre　　　*ces* livres

cet hôtel　　*ces* hôtels

cette table　*ces* tables

cette école　*ces* écoles

→ （　）内は、母音字（または無音の h）の前の形。　× ce hôtel　○ cet hôtel
→ 特に遠近などの区別をするとき「この〜」「あの〜」には、-ci, -là をつける。cette jupe-ci / cette jupe-là

GRAMMAIRE Leçon 3

数詞 2（20〜60）

20 vingt	21 vingt-et-un*	22 vingt-deux	23 vingt-trois	...	29 vingt-neuf
30 trente	31 trente-et-un*	32 trente-deux	33 trente-trois	...	39 trente-neuf
40 quarante	50 cinquante	60 soixante			

*「-」を入れない表記もあります。

EXERCISES

A. avoir を現在形に活用させ、文全体を訳しましょう。

1. Elle _____ un petit frère.
2. Tu _____ beaucoup de livres !
3. Vous _____ raison*. Il _____ tort**.   * avoir raison / ** avoir tort
4. J'_____ une moto depuis un an.

B. 文の意味を考えて、être または avoir の現在形に活用させましょう。

1. Je _____ journaliste.
2. Tu _____ un vélo français !
3. Elle _____ un visage triste.
4. Vous _____ des questions ?
5. Ma sœur* _____ vingt-cinq ans. Elle _____ mariée.

* ma sœur「私の妹」〈所有形容詞〉▶ Leçon 4, p 30

C. 指示形容詞（ce, cet, cette, ces）を書き、文全体を訳しましょう。

1. _____ romans sont intéressants.
2. _____ portable est à* Anne-Marie.   * être à ~
3. Elle a envie de** _____ robe noire.   ** avoir envie de ~

D. 否定文にしましょう。

1. Elles sont actrices.
2. C'est un cahier.
3. Il a une montre.
4. Nous avons des enfants.

E. フランス語で表現しましょう。

1. 彼女は緑色のバッグを持っています。

2. 私たちは医者ではありません。

Leçon 3 — CONVERSATION

À l'hôtel

空いている部屋はありますか？

タケシがホテルのフロントで働いているとき、ひとりの客がチェックインします。

Takeshi : Bonjour, Monsieur.

Un client : Bonjour. Vous avez une chambre libre pour ce soir[*] ?

Takeshi : Oui, nous avons une chambre pour une personne, avec salle de bain.

Un client : Ah, très bien.

Takeshi : Vous avez des bagages ?

Un client : Non, je n'ai pas de bagages.

    (……)

Takeshi : C'est la chambre numéro 27. Voilà la clef.

[*] ce soir :「今晩」

EXPRESSIONS

Excusez-moi, «山口», ça s'écrit comment, s'il vous plaît[*] ?

 すみません、それはどう書くのですか？

– Ça s'écrit : Y. A. M. A. G. U. C. H. I. Mais ça se prononce « yamagoutchi ».

 Y. A. M. A. G. U. C. H. I. と書きます。でも、「ヤマグチ」と発音します。

[*] s'il vous plaît は英語の please に近い表現。動詞は plaît ＜ plaire（p.90）

CONVERSATION **Leçon 3**

ACTIVITÉS

A. 例にならって下線部を入れ換え、やりとりをしましょう。

ex.　a:　Vous avez un stylo, s'il vous plaît ?
　　　b:　Oui, voilà.　/　Non, désolé(e)*, je n'ai pas de stylo.

* désolé :「残念ですが」

ex.

un stylo

1.

un crayon

2.

un dictionnaire

3.

une gomme

4.

un miroir

5.

un livre

B. 動詞 avoir を活用させ、それぞれの文の内容に合ったイラストを選びましょう。

1. Elle _____ froid.　[　]
2. Tu _____ mal à la tête?　[　]
3. J'_____ besoin d'un appareil photo.　[　]
4. Ils _____ chaud.　[　]

A.

B.

C.

D.

PRONONCIATION

41

A. リエゾンは、発音されないはずの語末の子音字が次にくる母音とともに発音される現象です。

　　nous avons　　vous avez　　ils ont　　ces hôtels　　mon école

→ リエゾンには、必ずする場合、してはいけない場合、どちらでもいい場合があります。上は必ずリエゾンする例。

B. アンシェヌマンは、語末の子音が次にくる母音につなげて発音される現象です。次の例では必ずアンシェヌマンする必要があります。

　　il a　　elle a　　leur oncle　　quel âge　　quelle heure

Leçon 3   CONVERSATION

C. 例にならって下線部を入れ換え、やりとりをしましょう。

ex.　a:　<u>Paris</u>, ça s'écrit comment ?
　　　b:　Ça s'écrit : <u>P. A. R. I. S.</u>

ex.

Paris

1.

Kyoto

2.

Beaujolais

3.

Chanel

4.

Versailles

5.

Cannes

D. 音声を聞いて、フランス語を書きましょう。　🎧 42

1. _____ une chambre libre ?

2. _____ de bagages.

3. _____ la clef.

動詞の活用の調べ方

　動詞の活用の調べ方についておぼえておきましょう。この教科書では、学習する動詞の後ろに数字が書いてあります。巻末に動詞活用表 (p.87~) がありますから、該当する番号のところを見ればいいわけです。まったく同じ動詞でない場合も、同じ型で活用するものが載っています。ただし、規則動詞 (→ p.30, p.48) については、原則をおぼえておいて、自分で活用の仕方を考えてください。辞書を使うときも、見出し語の動詞の発音のすぐ後ろに数字がありますので、同じ要領で巻末の動詞活用表を調べましょう。電子辞書の場合は、引いた不定法 (原形) から活用にジャンプできる場合があります。

VOCABULAIRE — Leçon 3

辞書を使って単語の意味を調べましょう。

( ) an		marié(e)	
( ) appareil photo		( ) miroir	
avec		( ) moto	
avoir	(v.) ～を持っている、～がある	noir(e)	
avoir besoin de ~	～が必要である	( ) numéro	
avoir chaud		( ) personne	
avoir envie de ~		( ) portable	
avoir faim		pour	
avoir froid		( ) question	
avoir mal à ~		( ) robe	
avoir raison		( ) roman	
avoir soif		rouge	
avoir sommeil		( ) salle de bain(s)	
avoir tort		( ) sœur	
( ) bagages（多く複数で）		( ) soir	
( ) clef		( ) stylo	
depuis		( ) tête	
( ) enfant		triste	
( ) frère		( ) vélo	
intéressant(e)		( ) visage	
libre			

Leçon 4 GRAMMAIRE

1 第1群規則動詞（-er 動詞）の直説法現在

chanter — er

je	chante	nous	chantons
tu	chantes	vous	chantez
il	chante	ils	chantent

– e	[–]	– ons	[ɔ̃]
– es	[–]	– ez	[e]
– e	[–]	– ent	[–]

→ 動詞の3人称複数の活用語尾 -ent は、発音されない。

2 疑問文と応え方

1. イントネーションによる

   Tu es français ? ↗   Elle chante bien ? ↗

2. 文頭に Est-ce que (qu') をつける

   Est-ce que tu es français ?   *Est-ce qu'*elle chante bien ?

3. 倒置形（主語代名詞と動詞を倒置する）

   Es-tu français ?   Chante-t-elle bien ?

→ [主語が名詞の場合] Michel est-il français ? / Michel habite-t-il ici ?

Tu aimes le sport ?   – *Oui*, j'aime le sport.
　　　　　　　　　　　– *Non*, je n'aime pas le sport.

Tu *n*'aimes *pas* le sport ?   – *Si*, j'aime le sport.
　　　　　　　　　　　　　　 – *Non*, je n'aime pas le sport.

3 所有形容詞 (adjectifs possessifs)

「私の〜」「きみの〜」…という意味で、名詞の性数に合った形を用います。

	男 (m.)／単 (sing.)	女 (f.)／単 (sing.)	複 (pl.)
je	mon	ma (mon)	mes
tu	ton	ta (ton)	tes
il, elle	son	sa (son)	ses
nous	notre	notre	nos
vous	votre	votre	vos
ils, elles	leur	leur	leurs

mon frère
mes cahiers
ton appartement
son portable
sa maison
leur oncle
mon école

GRAMMAIRE　Leçon 4

EXERCISES

A. 第1群規則動詞を直説法現在に活用させましょう。

1. aimer
2. chercher
3. habiter
4. marcher
5. parler
6. travailler

B. (　)内の意味になる所有形容詞を書きましょう。

1. ＿＿＿＿＿＿ voiture （私の）
2. ＿＿＿＿＿＿ école （きみの）
3. ＿＿＿＿＿＿ cahiers （彼の）
4. ＿＿＿＿＿＿ sac （彼女の）
5. ＿＿＿＿＿＿ portable （あなたの）
6. ＿＿＿＿＿＿ maison （私たちの）

C. (　)内の動詞を直説法現在に活用させ、文全体を訳しましょう。

1. Elles ＿＿＿＿＿＿ la télévision. (regarder)
2. Nous ＿＿＿＿＿＿ ce musée demain. (visiter)
3. Est-ce que vous ＿＿＿＿＿＿ près d'ici ? (habiter)
4. J'＿＿＿＿＿＿ l'histoire moderne depuis deux ans. (étudier)

D. 例にならって、動詞に下線を引き、その不定法を書きましょう。

ex. Elle <u>aime</u> beaucoup le thé.　　　　　(　*aimer*　)

1. Ma sœur travaille ici.　　　　　　　　　　(　　　　　)
2. Il montre une photo de sa famille.　　　　(　　　　　)
3. Elle ne porte pas de chapeau.　　　　　　(　　　　　)
4. Cet homme d'affaires* dîne souvent dans ce restaurant.　(　　　　　)

＊homme d'affaires「実業家」

E. 肯定または否定で答えましょう。

1. Est-ce que vous êtes étudiants ?　– Oui, ＿＿＿＿＿＿
2. Elle a un sac rouge ?　– Non, ＿＿＿＿＿＿
3. Tu aimes la musique ?　– Oui, ＿＿＿＿＿＿
4. Est-ce qu'il parle français ?　– Oui, ＿＿＿＿＿＿
5. Est-ce que tu travailles demain ?　– Non, ＿＿＿＿＿＿

F. フランス語で表現しましょう。

1. 私は自分の携帯電話を探しています。

2. あなたはここで働いているのですか。

＊ここで：ici

Leçon 4 CONVERSATION

La famille

きょうだいはいますか？

ミンのオフィスで打ち合わせが終わって…。

Takeshi : Minh, est-ce que tu es français ?

Minh : Oui, je suis français d'origine vietnamienne[*1].

Takeshi : Alors tu parles vietnamien ?

Minh : Oui, un peu.

(Il montre une photo de sa famille.)

Minh : C'est mon grand-père, ma sœur et mes deux chiens.

Takeshi : Dis donc[*2], elle est jolie, ta sœur !

Minh : Anne-Marie ? Elle a 19 ans et elle étudie l'anglais.
Et toi[*3], Takeshi, as-tu des frères et sœurs ?

Takeshi : Oui, j'ai un frère. Il habite à Nagoya, dans la préfecture d'Aichi[*4]. Il s'appelle Hideki, il a 21 ans et il aime voyager.

*1 français d'origine vietnamienne :「ベトナム系フランス人」
*2 dis donc :「へえ」
*3 toi : 人称代名詞強勢形 ▶ Leçon 5, p.36
*4 「愛知県に」〈dans la préfecture de + 県名〉

◆ 言　語 （les langues）

le japonais 日本語　　le français フランス語　　le chinois 中国語　　l'anglais 英語
l'espagnol スペイン語　　le vietnamien ベトナム語
parler français フランス語を話す　　étudier (apprendre) le français フランス語を勉強する（学ぶ）

Leçon 4 — CONVERSATION

EXPRESSIONS

J'aime voyager. 　　　　私は旅行が好きです。

Il aime inviter des amis. 　　　　彼は友人を呼ぶのが好きです。

→ 不定法 (infinitif) は「〜すること」という意味でも用いられる。

On peut se tutoyer ? 　　　　tu で話してもいいですか ?

→ 〈On peut ＋不定法＋ ?〉 または 〈Je peux ＋不定法＋ ?〉 は許可、了解を得るための表現。(pouvoir ▶ Leçon 8, p.54)

ACTIVITÉS

A. イラストを見て、ミンの家族を説明しましょう（所有形容詞「彼の」son, sa, ses を使うこと）。

C'est une photo de _____ famille. C'est _____ grand-père, _____ sœur, et _____ deux chiens.

B. 自分の家族の写真またはイラストを使って、家族紹介をしましょう。

ex. C'est une photo de ma famille ...

◆ 家族と親戚 （la famille）

parents 両親　　père 父　　mère 母　　enfant こども　　fils 息子　　fille 娘
frère 兄弟　　grand frère 兄　　petit frère 弟
sœur 姉妹　　grande sœur 姉　　petite sœur 妹
grands-parents 祖父母　　grand-père 祖父　　grand-mère 祖母　　oncle おじ　　tante おば
cousin 従兄弟　　cousine 従姉妹　　chien (m.) イヌ　　chat (m.) ネコ

C. p.32 のスキットの内容について、質問に答えましょう。

ex. a : Est-ce que Minh est français ?
　　b : Oui, il est français.

1. Minh parle français ?　　— _____
2. Anne-Marie étudie le français ?　　— _____
3. Hideki habite à Paris ?　　— _____
4. Hideki aime voyager ?　　— _____

Leçon 4　CONVERSATION

D. 下線部を入れ換えて、図書館でできること（してもよいこと）、できないことについて、やりとりをしましょう。

　ex.　a:　On peut fumer à la bibliothèque ?
　　　 b:　Non, on ne peut pas fumer.

ex.　　　　　　1.　　　　　　　　2.　　　　　　　　3.

fumer　　　bavarder avec des amis　　　préparer les examens　　　manger des frites ＊

＊ frites :「フライドポテト」

E. 音声を聞いて、フランス語を書きましょう。

1. _____ tu es français ?

2. C'est _____ père, _____ sœur et _____ six chats.

3. _____ à Nagoya.

PRONONCIATION

第1群規則動詞の発音（aimer）

活用語尾の -e, -es, -ent は発音しません。

　j'aime　　　　　nous aimons　[ɔ̃]
　tu aimes　　　 vous aimez　　[e]
　il aime　　　　 ils aiment　　（語尾 -ent は鼻母音になりません）

他の第1群規則動詞（aider, compter, continuer, demander など）でも練習しましょう。

---

tu で話す

　タケシとソフィーは初対面では **vous** を使っていました（Leçon 1, p. 14 参照）。タケシとリサも同じく **vous** を使っていました（Leçon 2, p. 20 参照）。この課ではお互いに親しくなったタケシとミンが **tu** を使って話しています。このように、最初は **vous** を使い、親しくなると「**tu** を使って話してもいいですか？」と確認して **tu** に切り替える習慣があります。

　また、「私たち」を表す際も、改まった場合は一人称複数の主語代名詞 **nous** を使うのに対し、**tu** を使うような親しい間柄で自分たちのことを話題にするときには、主語代名詞 **on** を使います（Leçon 5, p. 38 参照）。**on** を主語にした際には、動詞は三人称単数となりますので注意しましょう。

VOCABULAIRE **Leçon 4**

辞書を使って単語の意味を調べましょう。

aimer		( ) langue	
alors		manger	→ p.84
apprendre	学ぶ、習う → p.54 prendre	marcher	
bavarder		moderne	
( ) bibliothèque		montrer	
chanter		( ) oncle	
( ) chapeau(x)		( ) parents	
chercher		parler	
cousin(e)		un peu	少し
demain		( ) photo	
dîner		porter	
étudier		( ) préfecture	
( ) examen		préparer	
fumer		regarder	
( ) grand-mère		( ) restaurant	
( ) grand-père		souvent	
( ) grands-parents		( ) tante	
habiter		( ) thé	
( ) histoire		travailler	
ici		visiter	
inviter		voyager	→ p.84
joli(e)			

◆ 第 I 群規則動詞（er 動詞）の例

　　フランス語の動詞の約 90 パーセントは、第 I 群規則動詞です。

aider	助ける、手伝う	couper	切る	raconter	語る
arrêter	止める、止まる	demander	求める、頼む	remarquer	気づく
cacher	かくす	laisser	残す	tirer	引く
compter	数える	manquer	足りない、欠ける	tourner	回る、回す
continuer	続ける、続く	pousser	押す		

35

Leçon 5　GRAMMAIRE

1　不規則動詞 aller, venir の直説法現在、前置詞 à, de と定冠詞の縮約

aller

je	vais	nous	allons
tu	vas	vous	allez
il	va	ils	vont

à le → au
à les → aux

Je *vais* à l'école à vélo.
Elle *va au* cinéma aujourd'hui.
Ils *vont aux* États-Unis.

venir

je	viens	nous	venons
tu	viens	vous	venez
il	vient	ils	viennent

de le → du
de les → des

Elle *vient* en voiture avec Claire.
Il *vient du* théâtre.
Elles *viennent des* États-Unis.

→ à la, à l', de la, de l' はそのまま。
▶ Leçon 5, p.38「場所を示す名詞による前置詞の使い分け」

2　疑問形容詞（adjectifs interrogatifs）

「何」「どの〜」「どんな〜」「どんな種類の〜」という意味で、関係する語の性と数に合った形を用います。

	単 (sing.)	複 (pl.)
男 (m.)	quel	quels
女 (f.)	quelle	quelles

Quel est votre numéro de téléphone ?
Quelle est votre date de naissance ?
Quels acteurs aimez-vous ?
Quel âge avez-vous ?　　– J'ai vingt ans.

→ 原則として倒置形1を用いるが、2の〈est-ce que 主語＋動詞〉の形もよく用いられるようになっている。
　くだけた会話では 3の形が用いられることもある。
　1. *Quelle couleur* préfères-tu ?　2. *Quelle couleur* est-ce que tu préfères ?　3. Tu préfères *quelle couleur* ?

3　人称代名詞強勢形（pronoms personnels toniques）

		単 (sing.)	複 (pl.)
1人称		moi	nous
2人称		toi	vous
3人称	m.	lui	eux
	f.	elle	elles

用　法
- 主語などの強調
  Moi, je suis d'accord.
- 前置詞のあと
  Je vais chez *lui*.　　Venez chez *moi* avec *elle* !
- C'est, Ce sont のあと
  C'est *moi*.　　Ce sont *eux*.

4　命令法（impératif）

	chanter	avoir	être
« tu »	chante	aie	sois
« nous »	chantons	ayons	soyons
« vous »	chantez	ayez	soyez

Travaillez bien !
Chantons ensemble !
Soyez tranquille !
N'*aie* pas peur !

→ 第1群規則動詞と aller などでは、2人称単数形（直説法現在）の語尾の s がとれる。　▶ 動詞活用表の「命令法」
→ avoir, être, savoir, vouloir の命令法は特別な形をとる。

GRAMMAIRE Leçon 5

☐ 数 詞 3 (61 〜 100)

61 soixante-et-un	70 soixante-dix	71 soixante-et-onze	72 soixante-douze	...
...	80 quatre-vingts	81 quatre-vingt-un	82 quatre-vingt-deux	...
...	90 quatre-vingt-dix	91 quatre-vingt-onze	...	100 cent

EXERCISES

A. aller を直説法現在に活用させ、文全体を訳しましょう。

1. Pierre _____ à l'école en métro.
2. Elles _____ en France cet été.
3. Je _____ au bord de la mer ce week-end.

B. venir を直説法現在に活用させ、文全体を訳しましょう。

1. Ils _____ du Canada.
2. Vous _____ de France ?
3. Elle _____ chez nous entre deux et trois heures.

C. 疑問形容詞を書きましょう。

1. _____ sport aimez-vous ?
2. _____ sont ces fleurs ?
3. _____ sont vos projets pour les vacances ?

D. 人称代名詞強勢形を書きましょう。

1. Ce parapluie est à toi ? – Oui, il est à _____ .
2. Ces lunettes sont à Marc ? – Non, elles ne sont pas à _____ .
3. Je suis japonais. Et _____ ? – _____ , nous sommes coréens.

E. フランス語で表現しましょう。

1. 私は彼らといっしょにカナダに行きます。

2. あなたはどんな女性歌手［複数］が好きですか。

Leçon 5 CONVERSATION

Le cinéma

映画を見に行きませんか？

タケシとリサが、フランス語の授業のあとで話をしています。

Takeshi : Est-ce que tu es libre ce week-end ?

Lisa : Samedi après-midi, je suis libre.

Takeshi : Alors, on va au cinéma ?

Lisa : C'est une bonne idée.

Takeshi : Quel genre de films est-ce que tu aimes ?

Lisa : J'aime les films d'amour.

Takeshi : En ce moment, il y a un bon film d'amour chinois, au Cinéma Champs-Elysées.

Lisa : Ah, j'ai une amie chinoise. Elle vient de Pékin. Allons voir*1 ce film avec elle.

Takeshi : D'accord*2 ...

Lisa : Où est le Cinéma Champs-Elysées ?

Takeshi : Il est en face de la Fnac*3.

*1 voir：「見る、見える」▶ Leçon 6, p.42   *2 D'accord：「OK」   *3 フランスの大型書店チェーン

◆ 場所を示す名詞による前置詞の使い分け（国、都市）

町の名前	Je vais *à* Nagoya.	Je viens *de* Nagoya.
国 名（男性名詞）	Je vais *au* Japon.	Je viens *du* Japon.
国 名（女性名詞）	Je vais *en* France.	Je viens *de* France.
国 名（複数）	Je vais *aux* États-Unis.	Je viens *des* États-Unis.

CONVERSATION Leçon 5

◆ 場所を示す名詞による前置詞の使い分け（普通名詞）

普通名詞（男性名詞）	Je vais *au* parc.	Je viens *du* parc.
普通名詞（母音ではじまる）	Je vais *à l'* hôpital.	Je viens *de l'* hôpital.
普通名詞（女性名詞）	Je vais *à la* poste.	Je viens *de la* poste.
人を示す名詞・代名詞とともに	Je vais *chez* mes parents.	Je rentre *chez* moi.

ACTIVITÉS

A. ソフィーは地図のルートで出張旅行中です。出張先の各国でソフィーと出会ったと仮定し、例にならってやりとりしましょう。

ex. (en Angleterre)

 a : Sophie, tu viens d'où ?　　b : Je viens de France.
 a : Sophie, tu vas où ?　　b : Je vais aux États-Unis.

1. (aux États-Unis)

 a : Sophie, tu viens d'où ?　　b : Je viens
 a : Sophie, tu vas où ?　　b : Je vais

2. (au Japon)

 a : Sophie, tu viens d'où ?　　b : Je viens
 a : Sophie, tu vas où ?　　b : Je vais

3. (en Corée)

 a : Sophie, tu viens d'où ?　　b : Je viens
 a : Sophie, tu vas où ?　　b : Je vais

4. (au Viêtnam)

 a : Sophie, tu viens d'où ?　　b : Je viens
 a : Sophie, tu vas où ?　　b : Je vais

Leçon 5 CONVERSATION

B. イラストを見て、適切な表現を選択肢から選びましょう。

1. Il y a un jardin _____ l'église.
2. Il y a un grand magasin _____ la banque.
3. Il y a une pharmacie _____ la banque.
4. Les montagnes sont _____ la gare.
5. Il y a des murs _____ la ville.

| derrière | autour de | à côté de | devant | loin de |

C. 音声を聞いて、フランス語を書きましょう。

1. _____ au cinéma ?
2. _____ un bon film au cinéma.
3. Il est _____ la Fnac.

EXPRESSIONS

Il y a des cinémas juste *en face de* la gare.　　駅の真向かいに映画館がいくつかあります。
Il y a des revues *sur* la table.　　テーブルの上に雑誌があります。
Sous la table, il y a un chat.　　テーブルの下にネコがいます。
Mes stylos sont *dans* ma trousse.　　わたしのペンはペンケースの中にあります。

VOCABULAIRE — Leçon 5

辞書を使って単語の意味を調べましょう。

( ) âge			( ) lunettes	（複数で）眼鏡	
aller			( ) mer		
( ) amour			( ) métro		
( ) après-midi			( ) monde		
aujourd'hui			( ) montagne		
( ) banque			( ) mur		
bon(ne)	→ p.48		où	どこ、どこに	→ p.42
au bord de			( ) parapluie		
( ) carte			( ) parc		
chez			( ) pharmacie		
( ) cinéma			( ) poste		
( ) Corée			préférer		→ p.84
coréen(ne)			( ) projet		
( ) couleur			( ) revue		
( ) date de naissance			( ) samedi		→ p.45
derrière			sous		
devant			sur		
( ) église			( ) téléphone		
ensemble			( ) théâtre		
entre A et B			tranquille		
( ) film			venir		
( ) genre			( ) ville		
( ) heure			voir	(v.) 見る、見える	→ p.42
( ) hôpital			( ) week-end		
( ) idée					
( ) jardin					
juste					

◆ 四 季 (les saisons)

printemps (m.)	春	au printemps	春に
été (m.)	夏	en été	夏に
automne (m.)	秋	en automne	秋に
hiver (m.)	冬	en hiver	冬に

Leçon 6 GRAMMAIRE

1 不規則動詞 faire の直説法現在

faire

je	fais	nous	faisons*
tu	fais	vous	faites
il	fait	ils	font

* faisons [fəzɔ̃]

Elle *fait* des courses au supermarché.
Tu *fais* un gâteau ?
Il *fait* ses devoirs.

2 不規則動詞 partir, voir の直説法現在

partir

je	pars	nous	partons
tu	pars	vous	partez
il	part	ils	partent

voir

je	vois	nous	voyons
tu	vois	vous	voyez
il	voit	ils	voient

L'avion *part* dans une heure.

Nous *voyons* notre directeur demain.

3 近接未来（futur proche）と近接過去（passé récent）

近接未来	aller ＋ 不定法	Le train *va arriver*. Je *vais partir* dans 5 minutes.
近接過去	venir de ＋ 不定法	Je *viens de rentrer*. Elle *vient d'acheter* cet ordinateur.

4 疑問副詞（adverbes interrogatifs）

Quand	1. *Quand* partez-vous ?	– Je pars demain matin.
	2. *Quand* est-ce que vous partez ?	
	3. Vous partez *quand* ?	

→ 原則として倒置形 1 を用いるが、2 の〈est-ce que 主語＋動詞〉の形もよく用いられるようになっている。くだけた会話では 3 の形が用いられることもある。

Où	1. *Où* habitez-vous ?	– J'habite à Lyon.
	2. *Où* est-ce que vous habitez ?	
	3. Vous habitez *où* ?	

Comment	*Comment* trouvez-vous ce film ?	– Je le* trouve très intéressant.

Pourquoi	*Pourquoi* est-elle absente ?	– Parce qu'elle est malade.

Combien	*Combien* coûte ce sac ?	– Il coûte vingt euros.
	Combien de cousins avez-vous ?	– J'ai quatre cousins.

*「直接目的補語の代名詞」▶ Leçon 9, p.60

GRAMMAIRE Leçon 6

☐ 序数

基数 + ième

4ᵉ quatr*ième*
5ᵉ cinqu*ième*
9ᵉ neuv*ième* ...

ただし

1ᵉʳ / 1ᵉʳᵉ prem*ier* / prem*ière*
2ᵉ deux*ième* / second(e)

EXERCISES

A. ( ) 内の動詞を直説法現在に活用させ、文全体を訳しましょう。

1. Le matin, je _____ une promenade avec mon chien. (faire)
2. Vous _____ la cuisine chez vous ? (faire)
3. Ils _____ pour Londres après-demain. (partir)
4. Demain matin, elle _____ Mᵐᵉ Moreau. (voir)

B. 現在形の文を近接未来の文に書き換えましょう。

1. Il envoie un mail à son amie.
2. Elle passe ses vacances en France.

C. 現在形の文を近接過去の文に書き換えましょう。

1. J'achète ce disque blu-ray.
2. Nous déjeunons au restaurant.

D. 適切な疑問副詞を書きましょう。

1. _____ allez-vous ?   – Je vais bien, merci.
2. _____ vas-tu cet été ?   – Je vais à la campagne.
3. _____ est-ce qu'il arrive ?   – Il arrive ce soir.
4. D'_____ venez-vous ?   – Je viens de Londres.
5. _____ cet enfant pleure-t-il ?   – Parce qu'il a mal aux dents.
6. _____ de frères avez-vous ?   – J'ai un frère.

E. フランス語で表現しましょう。

1. 私はこの CD を聞くつもりだ。   *聞く : écouter

2. フランソワーズは空港に着いたばかりです。   *フランソワーズ : Françoise 空港に : à l'aéroport

Leçon 6 CONVERSATION

Les vacances

明日バカンスに出かけます

8月になり、研修中のタケシは2週間の休みに入ります。シルヴィーも数日後に休みに入るようです。

Sylvie : Tu travailles encore ?

Takeshi : Non, je viens de finir[*1] ! Demain, je vais partir en vacances.

Sylvie : Où est-ce que tu vas ?

Takeshi : Je voudrais visiter quelques monuments célèbres, par exemple le Mont Saint-Michel.

Et toi, quels sont tes projets pour les vacances ?

Sylvie : Je vais aller à Barcelone avec mes parents.

Takeshi : Vous y[*2] allez comment ? En avion ?

Sylvie : Non, en train.

Takeshi : Et combien de jours allez-vous rester là-bas ?

Sylvie : Deux semaines.

Takeshi : C'est super ! Quand est-ce que vous allez revenir ?

Sylvie : À la fin du mois d'août.

*1 finir :「終える、終わる」▶ Leçon 7, p.48
*2 y : 中性代名詞で、「そこに」の意。▶ Appendice, p.86

CONVERSATION — Leçon 6

EXPRESSIONS

Je voudrais poser une question.
ひとつ質問したいのですが。

Je voudrais un café.
私はコーヒーがほしいです。

→ 〈Je voudrais ＋不定法〉はしたいこと、〈Je voudrais ＋名詞〉は欲しいものなどを言うていねいな表現。

Qu'est-ce que vous faites ?　　　– Je cherche mon portefeuille.
何をしているのですか？　　　　　財布を探しています。

Qu'est-ce que vous faites [dans la vie] ?　　　– Je suis médecin.
お仕事はなんですか？　　　　　　　　　　　　医者です。

Qu'est-ce que vous faites le samedi ?　　　– Je fais des courses.
土曜日はいつも何をしているのですか？　　　ショッピングです。

→ qu'est-ce que は「疑問代名詞」▶ Leçon 11, p.72

◆ 曜日と 12 か月（les jours et les mois）

曜　日
lundi 月曜日　　mardi 火曜日　　mercredi 水曜日　　jeudi 木曜日　　vendredi 金曜日
samedi 土曜日　　dimanche 日曜日

12 か月
janvier 1月　　février 2月　　mars 3月　　avril 4月
mai 5月　　juin 6月　　juillet 7月　　août 8月
septembre 9月　　octobre 10月　　novembre 11月　　décembre 12月

ACTIVITÉS

A. シルヴィーの休暇について、comment, où, combien de temps, quand の中から適切な疑問詞を選んで質問を完成させ、その答えを ①〜③ から選びましょう。

1. a : _____ va-t-elle rester à Barcelone ?
   b : Elle va rester ［① un mois　② deux semaines　③ trois jours］.

2. a : _____ est-ce que Sylvie va partir en vacances ?
   b : Elle va partir ［① au Japon　② en Espagne　③ aux États-Unis］.

3. a : Elle va _____ à Barcelone ?
   b : Elle y va ［① en avion　② à pied*　③ en train］.　　*à pied :「歩いて」

4. a : Elle va revenir _____ ?
   b : Elle va revenir ［① le 15 juillet　② le 1er septembre　③ le 31 août］.

Leçon 6 CONVERSATION

B. 例にならって下線部を入れ換え、やりとりしましょう。

ex.　a： Qu'est-ce que tu fais le dimanche ?　(rester à la maison)
　　　b： Le dimanche, je reste à la maison.

ex.

le dimanche
rester à la maison

1.

le lundi
étudier l'anglais à l'université

2.

le mardi
jouer au tennis

3.

le mercredi
travailler dans un restaurant

4.

le jeudi
faire des courses au supermarché

5.

le vendredi
sortir avec son ami

6.

le samedi
voir un film avec des amies

C. 音声を聞いて、フランス語を書きましょう。　63

1. Je _____ finir.
2. Vous _____ comment ?
3. _____ est-ce que _____ ?

PRONONCIATION
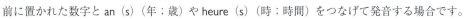
64

数字 ＋ an（s）／ heure（s）
前に置かれた数字と an（s）（年；歳）や heure（s）（時；時間）をつなげて発音する場合です。

1. [n]　un an / une heure
2. [z]　deux ans / heures　　trois ans / heures　　six ans / heures
　　　　dix ans / heures　　douze ans / heures　　treize ans / heures
　　　　quinze ans / heures　　seize ans / heures
3. [r]　quatre ans / heures
4. [k]　cinq ans / heures
5. [t]　sept ans / heures　　huit ans / heures
6. [v]　neuf ans / heures

VOCABULAIRE　Leçon 6

辞書を使って単語の意味を調べましょう。

	単語	意味		単語	意味
	absent(e)		( )	malade	
	acheter		( )	matin	
( )	aéroport		( )	mois	
	après-demain		( )	monument	
	arriver		( )	ordinateur	
( )	avion			partir	
( )	café			passer	
( )	campagne			pleurer	
	célèbre		( )	portefeuille	
( )	course	（多く複数で）買い物		poser	
	coûter			premier(ère)	
( )	cuisine		( )	promenade	
	déjeuner			quelque(s)	ある、いくつかの
( )	dent			rentrer	
( )	directeur			rester	
( )	disque			revenir	
	écouter			second(e)	
	envoyer		( )	semaine	
( )	euro			sortir	
	faire			super	
	finir		( )	supermarché	
( )	gâteau		( )	temps	時、時間
	jouer		( )	tennis	
( )	jour		( )	train	
	là-bas			trouver	
( )	mail		( )	université	

Leçon 7 GRAMMAIRE

1 第2群規則動詞（-ir 動詞）の直説法現在

finir　　　　　　　　　　　　　　　　　　**– ir**

je	finis	nous	finissons
tu	finis	vous	finissez
il	finit	ils	finissent

– is [i]　　　– issons [isɔ̃]
– is [i]　　　– issez [ise]
– it [i]　　　– issent [is]

Le cours *finit* à cinq heures.　　　Nous *finissons* notre travail avant midi.

2 形容詞の性数変化

男性単数形 → 男性複数形

1.	男性単数形	＋ s	grand	→	grand*s*
2.	– s	不変	gros	→	gros
	– x	不変	heureux	→	heureux
3.	– eau	＋ x	beau	→	beau*x*
4.	– al	– aux	génér*al*	→	génér*aux*

男性単数形 → 女性単数形

1.	男性単数形	＋ e	grand	→	grand*e*
2.	– e	不変	jeune	→	jeune
3.	– er	– ère	lég*er*	→	lég*ère*
4.	– f	– ve	acti*f*	→	acti*ve*
5.	– x	– se	heureu*x*	→	heureu*se*
6.	– el		naturel	→	naturel*le*
	– en	語末子音字を重ねて e をつける	parisien	→	parisien*ne*
	– on		bon	→	bon*ne*
	– os		gros	→	gros*se*

特別な変化をするもの

1. 特別な女性形をもつ形容詞

   blanc → blanche
   sec → sèche
   frais → fraîche
   doux → douce
   faux → fausse
   long → longue
   public → publique
   etc.

2. 男性第2形をもつ形容詞

   beau, nouveau, vieux などは、男性単数で第2形（母音字または無音の h の前）をもちます。女性形は第2形から作られます。

単 (sing.)		複 (pl.)	
m.	f.	m.	f.
beau (bel)	belle	beaux	belles
nouveau (nouvel)	nouvelle	nouveaux	nouvelles
vieux (vieil)	vieille	vieux	vieilles

女性複数形は、つねに女性単数形＋ s

GRAMMAIRE Leçon 7

3 付加形容詞の位置

形容詞が名詞に直接つくときは、原則として名詞の後。ただし、以下の形容詞は名詞の前につきます。

grand / petit   bon / mauvais   jeune / vieux   beau   joli   nouveau   etc.

● de ＋ 形容詞複数形 ＋ 名詞複数形

un grand arbre   →   *de* grand*s* arbre*s*

EXERCISES

A. 第2群規則動詞を直説法現在に活用させましょう。

1. choisir   2. obéir   3. remplir   4. réussir

B. （ ）内の動詞を直説法現在に活用させ、文全体を訳しましょう。

1. Je _____ le menu à 30 euros. (choisir)
2. Cet enfant n'_____ pas à ses parents. (obéir)
3. Nous _____ bien à ce problème. (réfléchir)
4. Cet arbre _____ au printemps. (fleurir)

C. （ ）内の形容詞を適切な形にしましょう。

* facile ↔ difficile

1. une robe (jaune) _____
2. des questions (facile*) _____
3. une fille (sportif) _____
4. de (bon) _____ dictionnaires
5. la maison (blanc) _____
6. une étudiante (sérieux) _____
7. le (nouveau) _____ hôtel
8. les cartes (postal) _____

D. フランス語で表現しましょう。

1. きみはその試験に受かるだろう。[近接未来を用いて]

2. 彼女は若くて行動的だ。

3. それはいい考えだ。

Leçon 7 CONVERSATION

Souvenirs de vacances

この建築物はとても古そうですね

タケシは、バカンス中に語学学校のエクスカーションでとった写真を見せながら、ミンと話しています。

Takeshi : Regardons les photos sur ma tablette.

Minh : Bonne idée !

Takeshi : Voilà le Mont Saint-Michel !

Minh : Il est impressionnant avec ce ciel gris et la mer au fond ! Cette architecture a l'air*1 très ancienne...

Takeshi : Oui, l'abbaye date du dixième siècle. Voici la photo suivante.

Minh : Qui est cette jeune fille ?

Takeshi : C'est mon amie Lisa. Nous apprenons*2 le français dans la même classe.

Minh : Elle a l'air très sympa*3 !

Takeshi : Oui, elle est gentille, franche...

*1 avoir l'air＋形容詞:「〜のように見える」「〜そうだ」。形容詞は一般に、主語の性数に一致させる。
*2 apprendre:「学ぶ」。prendre (Leçon 8, p.54) と同型の活用。
*3 sympathique:「感じがいい」の略で、変化しない。

CONVERSATION — Leçon 7

EXPRESSIONS

Qui est-ce ?　　– C'est mon ami André.
誰ですか？　　　友人のアンドレです。

　　　　　　　– Ce sont mes parents.
　　　　　　　　両親です。

→ 会話では C'est qui ? も用いられる。qui は「疑問代名詞」▶ Leçon 11, p.72

ACTIVITÉS

A. 例にならって下線部を入れ換え、a～d から適切な答えを選びましょう。

　ex.　Qui est Jean Réno ?　　　– C'est un acteur français.

ex. 　1. 　2. 　3. 　5.

Jean Réno　　Hidéyo Noguchi　　Edith Piaf　　Salvador Dali　　Françoise Sagan

a. C'est un peintre espagnol.　　b. C'est une écrivaine française.

c. C'est un médecin japonais.　　d. C'est une chanteuse française.

B. ソフィーの例にならって、シルヴィーにはきょうだいについて、プティ氏にはペットについて質問し、答えましょう。

　ex. SOPHIE　un frère / Pierre / 26 ans / grand, gentil

　　　　　Tu as des frères et sœurs ?　　– Oui, j'ai un frère.
　　　　　Ton frère s'appelle comment ?　– Il s'appelle Pierre.
　　　　　Il a quel âge ?　　　　　　　　– Il a vingt-six ans.
　　　　　Il est comment ?　　　　　　　– Il est grand et gentil.

　1. SYLVIE　une sœur / Julie / 11 ans / petite, mignonne

　　　　　Tu as des frères et sœurs ?　　–
　　　　　Ta sœur s'appelle comment ?　 –
　　　　　Elle a quel âge ?　　　　　　　–
　　　　　Elle est comment ?　　　　　　–

Leçon 7   CONVERSATION

2. M. PETIT   un chat / Félix / 9 ans / élégant, égoïste

　　　　　Vous avez des chats ou des chiens ? – _____
　　　　　Votre chat s'appelle comment ?   – _____
　　　　　Il a quel âge ?   – _____
　　　　　Il est comment ?   – _____

C. 音声を聞いて、フランス語を書きましょう。

1. _____ !
2. Qui est _____ ?
3. _____ très sympa !

PRONONCIATION

鼻母音 [ɑ̃] [ɛ̃] [ɔ̃]

鼻母音は4つですが、[œ̃] は [ɛ̃] と同様に発音されることが多いので、ここでは3つを取り上げます。
母音字に n / m が続くと鼻音化します。コツは鼻から息を出しながら発音することです。
まず元になる口母音から鼻母音に移行してみましょう。

1. pas → pan   [ɑ̃]   blanche   ange   jambe   enfant   différent
2. pair → pain [ɛ̃]   fin   important faim   symbole   italien
3. mot → mon   [ɔ̃]   bon   long   nombre   contre

さまざまなフランス語

　標準フランス語とされているパリ地方の方言では鼻母音は3つですが、フランスの多くの地方では4つの鼻母音が使われています。さらに南フランスでは鼻母音ではなく「口腔母音＋鼻子音」の発音になります。

　ナポレオンの時代から続く強大な中央集権、そして近年ではマスコミによって、標準フランス語の影響は強いものの、まだ地方特有の発音も残っています。フランス人が出身地を話題にする際には訛り（**accent**）のこともまた、話にあがってきます。また、フランス語はベルギー、ルクセンブルグ、スイス、カナダやアフリカなどを中心に、世界29か国で公用語として使われています。これら「フランコフォニー」（フランス語圏）のフランス語それぞれにも多様な方言が存在します。

VOCABULAIRE Leçon 7

辞書を使って単語の意味を調べましょう。

( ) abbaye		jaune	
actif(ve)		jeune	
ancien(ne)		léger(ère)	
( ) architecture		long(ue)	
avant		mauvais(e)	
beau*1		même	
blanc(che)		( ) menu	
choisir		( ) midi	
( ) ciel		naturel(le)	
( ) classe		nouveau*2	
( ) cours		obéir	
dater		parisien(ne)	
déplacer	→ p.84	peintre	
difficile		postal(ale, aux)	
( ) doigt		( ) problème	
doux(ce)		public(que)	
( ) écrivain(e)		réfléchir	
facile		remplir	
faux(sse)		réussir	
fleurir		sec (sèche)	
frais(fraîche)		sérieux(se)	
franc(che)		( ) siècle	
général(ale, aux)		simplement	
génial(ale, aux)		( ) souvenir	
gentil(le)		sportif(ve)	
gris(e)		suivant(e)	
gros(se)		sympa(thique)	
heureux(euse)		( ) travail	
impressionnant(e)		vieux*3	

*1 beau (bel), belle, beaux, belles   *2 nouveau (nouvel), nouvelle, nouveaux, nouvelles
*3 vieux (vieil), vieille, vieux, vieilles

Leçon 8 GRAMMAIRE

1 不規則動詞 pouvoir, vouloir の直説法現在

pouvoir

je	peux	nous	pouvons
tu	peux	vous	pouvez
il	peut	ils	peuvent

Je ne *peux* pas sortir ce soir.
Est-ce que je *peux* ouvrir la fenêtre ?

vouloir

je	veux	nous	voulons
tu	veux	vous	voulez
il	veut	ils	veulent

Je *veux* partir demain.
Voulez-vous du* café ?   * du は部分冠詞
– Oui, je *veux* bien.

2 不規則動詞 prendre, mettre の直説法現在

prendre*

je	prends	nous	prenons
tu	prends	vous	prenez
il	prend	ils	prennent

Je *prends* cette veste.
Nous *prenons* le métro.

* 同変化　apprendre, comprendre, reprendre

mettre

je	mets	nous	mettons
tu	mets	vous	mettez
il	met	ils	mettent

Elle *met* son portefeuille dans son sac.
Tu *mets* cette robe ?

3 部分冠詞（articles partitifs）

数えられない名詞について、「いくらかの〜」「ある量の〜」という意味のときに用いられます。

m.	
du (de l')*	du pain du vin de l'argent

f.	
de la (de l')	de la viande de la bière de l'eau

*（　）内は、母音字（または無音の h）の前の形

Je mange *du* pain avec *du* beurre.   Elle a *de la* force.

● 否定の de

直接目的補語につく部分冠詞と不定冠詞（▶ Leçon 3, p.24）は、否定文では de（d'）になります。

Je prends *du* vin.　　　　　　　→　Je ne prends pas *de* vin.
Il a *de* l'argent.　　　　　　　→　Il n'a pas *d'*argent.
Il y a *de* l'eau dans la bouteille.　→　Il n'y a pas *d'*eau dans la bouteille.
Sophie a *une* voiture.　　　　　→　Sophie n'a pas *de* voiture.

GRAMMAIRE **Leçon 8**

☐ 数量表現

beaucoup		tables
trop	de	livres
assez		sucre
peu		café

→ de のあとにくる名詞には冠詞をつけない。数えられる名詞は複数形、数えられない名詞は単数形にする。

EXERCISES

A. （ ）内の動詞を直説法現在に活用させ、文全体を訳しましょう。

1. Nous ne _____ pas sortir demain. (pouvoir)
2. Est-ce que tu _____ tenir une promesse ? (pouvoir)
3. Est-ce que vous _____ du fromage ? (vouloir)
4. _____ -vous danser avec moi ? (vouloir)
5. Je _____ une glace à la vanille. (prendre)
6. Est-ce que vous _____ souvent ce chemisier bleu ? (mettre)

B. 部分冠詞または否定の de を書き、文全体を訳しましょう。

1. Est-ce que vous prenez _____ vin ?
2. Est-ce que tu veux _____ bière ?
3. Elle mange _____ pain avec _____ confiture.
4. Je ne mets pas _____ sucre dans mon café.
5. Donnez-moi _____ eau minérale !
6. Vous avez _____ chance !

C. フランス語で表現しましょう。

1. ワインはいかがですか。— ええ、いただきます。

2. 通りにたくさんの人がいます。　　＊通りに : dans la rue　　人 : gens

55

Leçon 8 CONVERSATION

Au restaurant

料理は何を選ぶの？

タケシは、リサがパティシエとして働いているレストランに、ミンを連れていきました。

Takeshi : Qu'est-ce que tu choisis comme*1 plat ? Tu ne veux pas essayer le canard à l'orange ? Il est excellent.

Minh : Si*2, pourquoi pas*3 ?

Takeshi : Deux canards à l'orange, s'il vous plaît.

Le serveur : Et comme boisson ?

Minh : Une bouteille d'eau minérale, s'il vous plaît.

Le serveur : Très bien.

(Lisa arrive.)

Takeshi : Minh, voici mon amie Lisa. Elle travaille ici comme pâtissière. Lisa, je te*4 présente mon collègue Minh.

Minh : Bonjour, enchanté !

Lisa : Enchantée ! Takeshi me*4 parle souvent de vous. Voulez-vous un dessert ? Nous avons de la mousse au chocolat, de la tarte-tatin, des glaces et des sorbets.

Takeshi : Je prends une mousse au chocolat, s'il te plaît.

*1　comme：「…としては」の意味。この用法では無冠詞の名詞が後ろにくる。
*2　si：否定できかれ、その内容に肯定で答える場合に使う。▶ Leçon 4, p.30
*3　pourquoi pas：「いいね」「いいんじゃない」   *4　te, me：間接目的補語の代名詞 ▶ Leçon 9, p.60

CONVERSATION **Leçon 8**

EXPRESSIONS

Tu ne veux pas venir déjeuner avec moi ? – Si, avec plaisir.
僕と一緒にお昼ご飯を食べに行かない？ はい、よろこんで。

Tu veux encore du café ? – Oui, je veux bien.
もう少しコーヒーをいかが？ はい、お願いします。

→ 〈vouloir の活用形＋不定法＋？〉または〈vouloir の活用形＋名詞＋？〉は勧誘に用いられる。

ACTIVITÉS

A. 日本に滞在中のシルヴィーと、パリの自宅でのプティ氏の朝食を示すイラストです。2人が何を食べるか、単語リストを参考にして答えましょう。

ex. a: Qu'est-ce qu'elle [il] prend pour son petit déjeuner ?
　　b: Elle prend du riz. / Il prend du pain.

◆ 食べものと飲みもの（boire et manger）

男性名詞 n. m.

lait 牛乳　　café コーヒー　　café au lait カフェオレ　　thé 紅茶　　vin ワイン
jus d'orange オレンジジュース　　poulet チキン　　bœuf ビーフ　　porc ポーク　　poisson 魚
pain パン　　croissant クロワッサン　　riz 米　　œuf たまご　　beurre バター
fromage チーズ　　fruit くだもの　　citron レモン　　raisin ブドウ
des légumes 野菜（複数）　　petit déjeuner 朝食　　déjeuner 昼食　　dîner 夕食

女性名詞 n. f.

eau 水　　bière ビール　　soupe スープ　　soupe (de) miso みそ汁　　viande 肉
baguette バゲット　　confiture ジャム　　orange オレンジ　　pomme リンゴ
fraise イチゴ　　pêche モモ

57

Leçon 8   CONVERSATION

B. 例にならって下線部を入れ換え、デザートを注文しましょう。

ex.　a: Qu'est-ce que vous prenez comme dessert ?
　　　b: Je prends une mousse au chocolat.

ex. 　1. 　2. 　3. 　5.

une mousse　　une crème brûlée　　une tarte-tatin　　un chou　　un gâteau
au chocolat　　　　　　　　　　　　　　　　　　　　à la crème　　au chocolat

C. 音声を聞いて、フランス語を書きましょう。

1. Qu'est-ce que _____ comme plat ?
2. _____ un dessert ?
3. _____ une mousse au chocolat.

PRONONCIATION

c, g の発音をみてみましょう。いずれも後続する母音によって発音が変わります。

1. c + a, o, u, œ　[k]　carte　cour　cuisine
2. c + e, i, y　　 [s]　cerise　citron　cycle
3. ç + a, o, u　　 [s]　français　garçon　déçu
4. g + a, o, u　　 [g]　garage　gorge　aigu
5. g + e, i, y　　 [ʒ]　mangeable　large　girafe
6. gu + e, i　　　 [g]　fatigue　guitare

フランスの地方料理

　フランスには、その気候や風土と合わせて多くの地方料理が存在します。ブルゴーニュ地方の bœuf bourguignon（牛肉の赤ワイン煮）、アルザス地方には豚肉加工品とザワークラウトをアルザスワインで煮込んだ choucroute（シュークルート）、南西部には肉類と白インゲンをガチョウの脂で煮込んだ cassoulet（カスレ）などなど…。
　興味深いのは、涼しい北フランスではバターや生クリームを多用する傾向があって重めであるのに対し、比較的暑い南仏ではオリーブオイルを使ったさっぱりとした料理が多く、同じフランス料理でも大きく味わいが異なります。
　意外にもパリには郷土料理が存在しません。洗練されたフランス料理の多くは、一流シェフが地方料理をもとにしてアレンジしたものと言えます。

VOCABULAIRE Leçon 8

辞書を使って単語の意味を調べましょう。

( ) argent
    assez
( ) beurre
( ) bière
    bleu(e)
( ) boisson
( ) bouteille
( ) canard
( ) chance
( ) chemisier
( ) chocolat
( ) collègue
    comme
    comprendre
( ) confiture
    danser
( ) dessert
    donner
( ) eau(x)
( ) eau minérale
    essayer
    excellent(e)
( ) force
( ) fromage
( ) fruit
( ) gens
( ) glace

( ) lait
( ) légume
    mettre
( ) orange
    ouvrir
( ) pain
( ) petit déjeuner
( ) plaisir
( ) plat
( ) poisson
    pouvoir
    prendre
    présenter
( ) promesse
( ) riz
( ) rue
    serveur(se)
( ) sorbet
( ) soupe (de) miso
( ) sucre
    tenir
    trop
( ) veste
( ) viande
( ) vin
    vouloir

59

Leçon 9　GRAMMAIRE

1　不規則動詞 savoir, connaître の直説法現在

savoir

je	sais	nous	savons
tu	sais	vous	savez
il	sait	ils	savent

connaître

je	connais	nous	connaissons
tu	connais	vous	connaissez
il	connaît	ils	connaissent

Je *sais* que* Marie est malade.
Est-ce que vous *savez* conduire ?
Nous *savons* où il habite.

Je *connais* la ville de Kyoto.
Tu *connais* ce monsieur ?

*接続詞の que

3　補語人称代名詞 (pronoms personnels compléments)

直接目的補語および間接目的補語の代名詞

	直接目的補語	間接目的補語
je	me (m')	me (m')
tu	te (t')	te (t')
il	le (l')	lui
elle	la (l')	lui
nous	nous	nous
vous	vous	vous
ils	les	leur
elles	les	leur

→ ( ) 内は、母音字 (または無音の h) の前の形。

● 語　順

1. 　肯定命令以外　　動詞の直前

   Est-ce que vous connaissez M. Durand ?　— Oui, je *le* connais.
   Est-ce que tu cherches tes lunettes ?　— Oui, je *les* cherche.
   Tu téléphones à Sophie ?　— Non, je ne *lui* téléphone pas.
   Je *vous* présente mon amie Lucie.

2. 　肯定命令　　動詞の直後 (me, te は moi, toi となる)

   Excusez-*moi*.　　　　　　　　Expliquez-*moi* le sens de ce mot.

● 〈aller + 不定法〉や〈pouvoir + 不定法〉などで、不定法に目的補語がつく場合、補語人称代名詞を用いると不定法の直前に置かれます。

Je vais téléphoner à Mme Lefèvre.　→　Je vais *lui* téléphoner.
Est-ce que je peux essayer cette robe ?　→　Est-ce que je peux *l'*essayer ?

● 直接目的補語の代名詞 le, la, les は、間接目的補語の代名詞と併用することができます。▶ Appendice, p.85

Je vous montre ces photos.　→　Je vous *les* montre.
Je vous passe Mme Dupont.　→　Je vous *la* passe.

GRAMMAIRE Leçon 9

EXERCISES

A. （　）内の動詞を直説法現在に活用させ、文全体を訳しましょう。

1. Je _____ par Sylvie que Mme Martin est très occupée. (savoir)
2. Est-ce que vous _____ faire la cuisine ? (savoir)
3. Je _____ M. Dupont depuis longtemps. (connaître)
4. Est-ce que tu _____ la date de naissance de Jean ? (connaître)

B. 適切な補語人称代名詞を書きましょう。

1. Connaissez-vous cette dame ?　　– Non, je ne _____ connais pas.
2. Est-ce qu'elle ressemble à sa mère ?
   – Oui, elle _____ ressemble beaucoup.
3. Est-ce que vous prenez ce chemisier ?　– Oui, je _____ prends.
4. Est-ce que tu donnes ces fleurs à Marie ? – Oui, je _____ donne à Marie.

C. 下線部を補語人称代名詞にして答えましょう。

1. Est-ce qu'elle cherche <u>son portable</u> ?　– Oui, _____
2. Est-ce que tu mets <u>cette robe</u> ce soir ?　– Non, _____
3. Est-ce que vous voyez <u>M. et Mme Durand</u> demain ?
   – Oui, _____
4. Tu prêtes <u>ce CD</u> à Pierre ?　　– Oui, _____

D. 下線部を補語人称代名詞にして書き換えましょう。

1. Montrez ces photos <u>à votre mari</u>. → _____
2. Il va acheter <u>cette voiture hybride</u>. → _____
3. Je vais parler <u>à Philippe</u>. → _____

E. フランス語で表現しましょう。

1. あなたは彼女の血液型を知っていますか。—いいえ、知りません。　　＊血液型 : groupe sanguin

2. その写真［単数］を私に見せてください。

61

Leçon 9　CONVERSATION

À la réunion

私は彼女をよく知っています

ソフィーたちは、中国人宿泊客を増やす企画の一環として、中国語のパンフレットを広告会社（**ABC Publicitaire**）に作ってもらうことを提案し、支配人のプティ氏も乗り気です。

Sophie : Le nombre de touristes chinois en France augmente de plus en plus[*1].

Minh : Ça vaut peut-être la peine d'imprimer[*2] des brochures de notre hôtel en chinois.

Sophie : Monsieur, est-ce que vous connaissez le responsable de ABC Publicitaire ?

M. Petit : Oui, c'est Madame Lefèvre. Je la connais bien.

Takeshi : Comment est-elle ?

M. Petit : Elle est gentille. Je sais aussi qu'elle est très compétente.

Minh : Pouvez-vous prendre rendez-vous avec elle ?

M. Petit : D'accord. Je vais lui téléphoner.

　　　　　(Il téléphone.)

ABC P. : Allô, ABC Publicitaire, bonjour.

M. Petit : Je m'appelle Michel Petit. Je voudrais parler à Madame Lefèvre.

ABC P. : Je vous la passe. Ne quittez pas.

[*1] de plus en plus :「ますます（多く）」
[*2] ça vaut la peine de + 不定形 :「～する価値がある」。vaut ＜ valoir

CONVERSATION **Leçon 9**

EXPRESSIONS

Savez-vous parler japonais ?

あなたは日本語が話せますか？

Je sais nager. Mais je ne peux pas nager aujourd'hui, parce que je suis enrhumé(e).

私は泳げます。けれど、カゼをひいているので今日は泳げません

➡ 〈savoir の活用形＋不定法〉は、「（技能を必要とすること）ができる」場合に使われる。

ACTIVITÉS

A. 例にならって下線部を入れ換え、やりとりをしましょう。

ex. A: Vous connaissez *le Petit Prince* ?
　　 B: Oui, je le connais bien. / – Non, je ne le connais pas.

ex.

le Petit Prince

1.

le Mont Saint-Michel

2.

Marie-Antoinette

3.

Tintin

4.

Gaspard et Lisa

B. 例にならって下線部を入れ換え、やりとりをしましょう。

ex. a: Vous savez parler chinois ?
　　 b: Oui, je sais parler chinois. / – Non, je ne sais pas parler chinois.

ex.

parler chinois

1.

conduire

2.

nager

3.

valser

Leçon 9 CONVERSATION

C. 自分の習慣について、選択肢から適切な表現を選び、例にならって答えましょう。

ex. Je voyage deux fois par an.

1. Je regarde la télé _____
2. Je fais la cuisine _____
3. Je vais au cinéma _____

| tous les jours | de temps en temps | souvent | presque toujours |
| une fois par semaine | tous les week-ends | parfois | rarement |

D. 音声を聞いて、フランス語を書きましょう。

1. Est-ce que _____ le responsable de ABC Publicitaire ?
2. _____ rendez-vous avec elle ?
3. _____ .

PRONONCIATION

母音字の e は、[ə][無音][e][ɛ]のいずれかになります。

1. [ə] cerise petit simplement vendredi
2. [無音] classe simple samedi Seine
3. [e] et papier tombez marcher les
4. [ɛ] avec celle respect terre

→ cerise, petit などの e は、日常の会話では無音になることがあります。

フランスの観光

　フランスの外国人観光客受け入れ数は約 8,200 万人で、世界一を誇ります。観光収入でも、アメリカ、スペインに次いで世界第 3 位です。
　最も外国人が訪れる観光地は、もちろんパリです。エッフェル塔、シャンゼリゼ大通り、凱旋門、ルーブル美術館が定番ですが、最近では郊外のテーマパークも人気です。しかし、地方の観光地もバラエティーに富んでいます。ロワールの古城、ブルゴーニュやボルドーのワイン生産地巡り、南仏のプロヴァンス・コート＝ダジュール地方、アルプスでの登山やスキー、美食の街リヨン、アルザスのワイン街道…挙げるとキリがないほどです。
　ユネスコの世界遺産には 39 件が登録されています。また、**Les plus beaux villages de France**（フランスで最も美しい村）が 155 村制定されていて、特色ある地方の風景を楽しむことができます（データはすべて 2016 年現在）。

VOCABULAIRE **Leçon 9**

辞書を使って単語の意味を調べましょう。

	allô			occupé(e)	
	augmenter			parfois	
	aussi		( )	peine	
( )	brochure			presque	
	compétent(e)			prêter	
	connaître			quitter	
	conduire			rarement	
( )	dame		( )	rendez-vous	
	enrhumé(e)		( )	responsable	
	excuser			ressembler à ~	
	expliquer		( )	réunion	
( )	fois			savoir	
( )	groupe sanguin	血液型	( )	sens	
	imprimer			téléphoner à ~	
	longtemps			toujours	
( )	mari		( )	touriste	
( )	mot			valoir	
	nager			valser	
( )	nombre		( )	voiture hybride	

◆ 量や程度をしめす副詞

très bien	とてもよく
bien	よく
mal	へたに
beaucoup	たくさん、とても
un peu	少し
pas du tout	全然

◆ 頻度をしめす副詞

toujours	いつも	ne ... jamais	けっして~しない
souvent	しばしば	tous les ans	毎年
de temps en temps	ときどき	tous les jours	毎日
quelquefois	ときどき	une fois par semaine	週に1回
parfois	ときおり	deux fois par mois	月に2回
rarement	あまり~しない	trois fois par an	年に3回

Leçon 10　GRAMMAIRE

1　過去分詞（participe passé）

1. 規則動詞　　例外なし

   第1群規則動詞　chanter → **chanté**　　　　第2群規則動詞　finir → **fini**

2. 不規則動詞

avoir → **eu**	être → **été**	aller → **allé**	faire → **fait**
mettre → **mis**	mourir → **mort**	naître → **né**	partir → **parti**
pouvoir → **pu**	prendre → **pris**	venir → **venu**	voir → **vu**　etc.

2　直説法複合過去（passé composé）

助動詞（avoir または être）の直説法現在 + 過去分詞

chanter

j'	**ai chanté**	nous	**avons chanté**
tu	**as chanté**	vous	**avez chanté**
il	**a chanté**	ils	**ont chanté**
elle	**a chanté**	elles	**ont chanté**

ほとんどの動詞は、avoir を助動詞とします。

aller

je	**suis allé(e)**	nous	**sommes allé(e)s**
tu	**es allé(e)**	vous	**êtes allé(e)(s)**
il	**est allé**	ils	**sont allés**
elle	**est allée**	elles	**sont allées**

場所の移動や状態の変化を表わす以下の自動詞は、être を助動詞とします。

- aller / venir
- partir / arriver
- sortir / entrer
- rentrer
- monter / descendre
- naître / mourir
- passer
- rester
- tomber
- devenir
- retourner

→ 助動詞が être の場合、過去分詞は主語の性数に一致する。

否定形	Je n'ai pas chanté ...	Je ne suis pas allé(e) ...
倒置疑問形	Avez-vous chanté ... ?	Êtes-vous allé(e)(s) ... ?

用　法

- 過去の行為、事実

  J'*ai acheté* ce CD il y a trois jours.　　Hier, elle *est allée* au cinéma.

- 過去に完了した行為、その結果としての現在の状態、経験（現在完了）

  Il *a* déjà *fini* ses devoirs.　　*Êtes*-vous déjà *allé* en Chine ?

GRAMMAIRE Leçon 10

EXERCISES

A. 動詞を複合過去に活用させましょう。

1. arriver
2. faire
3. partir
4. prendre
5. visiter
6. voir

B. (　)内の動詞を複合過去に活用させましょう。

1. Hier, elle _____ du shopping avec sa mère. (faire)
2. Tu _____ la télé, ce matin ? (regarder)
3. Est-ce que vous _____ le musée du Louvre ? (visiter)
4. Cet après-midi, nous _____ une promenade. (faire)
5. Ton voisin _____ son travail ? (finir déjà)
6. La semaine dernière, elles _____ chez moi. (venir)
7. Le mois dernier, elle _____ pour l'Italie. (partir)

C. 例にならって、動詞に下線を引き、その不定法を書きましょう。

ex. J'ai pris un taxi.　　　　　　　　　　　(　prendre　)

1. Tu as réussi à ton examen ?　　　　　　(　　　　　)
2. J'ai acheté ces cartes postales à Hakone.　(　　　　　)
3. Elle est arrivée tard à cause de la pluie.　(　　　　　)
4. Avez-vous passé de bonnes vacances ?　(　　　　　)
5. J'ai appris l'espagnol au lycée.　　　　(　　　　　)
6. Tu as déjà fini tes devoirs ?　　　　　　(　　　　　)

D. フランス語で表現しましょう。

1. きのう、私たちはそのフランス映画を見ました。

_____

2. 先週、彼女たちは京都に行きました。

_____

Leçon 10 CONVERSATION

Le stage à Tokyo

富士山は見ましたか？

タケシとはソフィーは、仕事の話をしているうちに、お互いの経歴を話し始めます。

Sophie : Au fait[*1], tu parles parfaitement français, Takeshi. Où est-ce que tu as appris le français ?

Takeshi : À l'université. Au Japon, on apprend généralement l'anglais au collège et au lycée. Et ensuite, on apprend une seconde langue étrangère à l'université.

Sophie : Moi, j'ai appris l'anglais au collège, l'espagnol au lycée et le japonais à l'université.

Takeshi : Tu es déjà allée au Japon ?

Sophie : Oui, j'ai fait mon stage à l'Hôtel Foyer Ginza il y a trois ans.

Takeshi : Tu y[*2] es restée combien de temps ?

Sophie : Trois mois.

Takeshi : Et tu as visité d'autres villes que[*3] Tokyo ?

Sophie : Oui, j'ai visité Hakone.

Takeshi : Tu as vu le Mont Fuji ?

Sophie : Ah oui ! Non seulement je l'ai vu, mais[*4] j'y suis montée !

*1 au fait :「ところで」　*2 y : 中性代名詞で、「そこに」の意。▶ Appendice, p.86
*3 d'autres villes que ~ :「~以外の街」。que は比較の対象を示す用法。
*4 non seulement ~ mais... :「~だけでなく…もまた」。英語の not only ~ but also... に近い表現。

CONVERSATION **Leçon 10**

ACTIVITÉS

A. p.68 のスキットについて、質問に答えましょう。

1. Où est-ce que Takeshi a appris le français ?

2. Sophie a appris quelles langues au collège et au lycée ?

3. Est-ce qu'elle est déjà allée au Japon ?

4. Qu'est-ce qu'elle a fait à Tokyo ?

5. Elle est restée combien de temps à Tokyo ?

B. 以下はタケシが過去にしたことです。例にならって、複合過去の文に書き換えましょう。

ex.　sortir du lycée en mars（3月に高校を卒業する）
　→ Il est sorti du lycée en mars.（彼は3月に高校を卒業した）

1. entrer à l'université（大学に入学する）

2. apprendre le français à l'université（大学でフランス語を学ぶ）

3. partir pour la France（フランスへ出発する）

4. rencontrer Lisa（リサと出会う）

5. visiter le Mont Saint-Michel en été（夏にモン・サン=ミッシェルを訪れる）

Leçon 10　CONVERSATION

C. Bの例にならい、あなたがしたことについて、下記の表現を使って複合過去形で言いましょう。

◆ 時間の表現（temps）

aujourd'hui 今日　　　hier きのう　　　avant-hier おととい
ce matin 今朝　　cet après-midi 今日の午後　　hier matin きのうの朝　　hier soir 昨夜
la semaine dernière 先週　　le mois dernier 先月　　l'année dernière 去年
il y a deux semaines 2週間前　　il y a trois mois 3ヶ月前　　il y a quatre ans 4年前

D. 音声を聞いて、フランス語を書きましょう。　

1. Où est-ce que _____ le français ?
2. _____ déjà _____ au Japon ?
3. _____ mon stage à Tokyo.

PRONONCIATION

A. 半母音（半子音）と呼ばれる音が3つあります。

1. i + 母音　　　　　　　　　　　　　bien　　mieux　　lieu　　curieux
   a, e, eu, œ + il / ill　　[j]　　ail　　pareil　　œil　　bouteille
   子音 + ill　　　　　　　　　　　　bille　　fille　　famille
2. u + 母音　　　　　　　　[ɥ]　　nuit　　lui　　suisse
3. ou + 母音　　　　　　　[w]　　ouest　　oui　　louer

B. 次に、発音に特に注意が必要な母音を取り上げます。唇を小さく丸める方から、CDをよく聞いて真似してみてください。

1. [y]　unité　　dur　　rue　　plutôt
2. [ø]　peu　　Europe　　feu　　deux
3. [œ]　heure　　œuf　　peur　　beurre

フランス人の仕事について

　就職に際しては、それ以前にどれだけの実務能力を身に着けてきたかを問われます。そのため、学生時代に **stage**（職業研修）を受けるための制度が充実していて、この経験をもとにして就職活動をしていきます。また、職業経験と同時にどれだけの資格を持っているか、ということも重要になります。転職に関しても同様です。会社に入ってから新人研修を受けて、初めて能力を身に着けていく日本と違いますね。
　いったん働き出すと、非常に効率よく作業を進めていくのがフランス人の仕事の特徴であるといえるでしょう。週35時間労働、さらに年間5週間のバカンスが定められているのにもかかわらず、GDPは世界第5位です。いかに集中して働いているか（そして休んでいるか）がわかりますね。

VOCABULAIRE　Leçon 10

辞書を使って単語の意味を調べましょう。

	autre		( ) lycée	
	avant-hier		monter	
( )	collège		mourir	
	déjà		naître	
	dernier(ère)		parfaitement	
	descendre		( ) pluie	
	devenir		rencontrer	
	devoir		retourner	
	ensuite		seulement	
	entrer		( ) stage	
	étranger(ère)		tard	
	généralement		( ) taxi	
	hier		tomber	
( )	Italie		voisin(e)	

巻末の動詞活用表（p. 87）を参考に、次の動詞の過去分詞を書き入れましょう。

	avoir		mourir	
	être		naître	
	chanter		partir	
	arriver		pouvoir	
	finir		prendre	
	aller		savoir	
	connaître		venir	
	faire		voir	
	mettre		vouloir	

Leçon 11 GRAMMAIRE

1 疑問代名詞 （pronoms interrogatifs）

主語	人	*Qui* chante ? = *Qui est-ce qui* chante ? – C'est Enya, c'est une chanteuse irlandaise.
	もの	*Qu'est-ce qui* se passe* ? *se passer 代名動詞「起こる」▶ Appendice, p.86 – Il y a un tremblement de terre !
直接目的補語	人	*Qui* cherchez-vous ? = *Qui est-ce que* vous cherchez ? – Je cherche ma cousine.
	もの	*Que* cherches-tu ? = *Qu'est-ce que* tu cherches ? – Je cherche mon portable.
属詞	人	*Qui* est-ce ? – C'est Patrick Modiano, c'est un écrivain français. Il a reçu* le prix Nobel en 2014. * reçu < recevoir「受け取る」の過去分詞
	もの	*Qu'est-ce que* c'est ? – C'est mon nouvel ordinateur.
前置詞とともに	人	*De qui* parlez-vous ? – Nous parlons de notre professeur.
	もの	*À quoi* penses-tu ? – Je pense à mon examen.

→ que の後に母音字がくると qu' となる
→ quoi は que の強勢形
→ 会話では、次のような表現も用いられる。Vous cherchez qui ? / Tu cherches quoi ? / C'est qui ? / C'est quoi ?

2 不規則動詞 entendre の直説法現在

entendre*

j'	entends	nous	entendons
tu	entends	vous	entendez
il	entend	ils	entendent

* 同型の動詞：attendre, perdre, rendre, répondre

複合過去   j'ai entendu …

Je n'*entends* pas bien !   Parlez plus fort*, s'il vous plaît.

Qui est-ce que vous *attendez* ?   – J'*attends* ma mère.

Cet après-midi, j'*ai perdu* ma clef.   Hier, j'*ai rendu* à Marie ses DVD.

Tu *as* déjà *répondu* à ce mail ?   *plus fort：「もっと大きな声で」。à haute voix とも言う。

GRAMMAIRE Leçon 11

3 不規則動詞 dire, écrire, lire の直説法現在

dire
je	dis
tu	dis
il	dit
nous	disons
vous	dites
ils	disent

複合過去　j'ai dit, ...

écrire
j'	écris
tu	écris
il	écrit
nous	écrivons
vous	écrivez
ils	écrivent

複合過去　j'ai écrit, ...

lire
je	lis
tu	lis
il	lit
nous	lisons
vous	lisez
ils	lisent

複合過去　j'ai lu, ...

Qu'est-ce qu'elle *dit* dans son mail ?　　　*Écrivez* ici la date de votre départ.

J'*ai* déjà *lu* ce roman.

EXERCISES

A. 適切な疑問代名詞を書きましょう。

1. _____ va venir ce soir ? – C'est Mme Durand.
2. _____ tu prends comme dessert ? – Je prends une glace à la vanille.
3. Avec _____ allez-vous au concert ? – Avec mon ami Luc.
4. De _____ parlez-vous ? – Nous parlons de la fête de demain.

B. (　) 内の動詞を複合過去に活用させましょう。

1. Dans le métro, j' _____ mon parapluie. (oublier)
2. Ce matin, ils _____ en retard. (arriver)
3. Hier soir, j' _____ du bruit dans la cuisine. (entendre)
4. Heureusement, elle _____ son portable. (retrouver)
5. Qu'est-ce qu'il _____ ? (dire)

C. 動詞に下線を引き、その不定法を書きましょう。

1. Je n'ai pas encore fini mes devoirs.　　(　　　　)
2. Hier soir, elle a écrit cette lettre.　　(　　　　)
3. Nous n'avons pas vu cette cathédrale.　　(　　　　)

D. フランス語で表現しましょう。

1. 彼女は誰を待っているのですか。— 自分のお父さんを待っています。

2. 何をお選びになりますか。— 38 ユーロの定食にします。　　＊38 ユーロの定食 : le menu à 38 euros

Leçon 11 CONVERSATION

Coup de téléphone

誰をさがしているのですか？

中国人宿泊客をふやす企画が軌道に乗ってきたことを祝い、みなで食事を始めるところです。

Sophie & Sylvie : Santé*¹ !

Sylvie : On a bien travaillé aujourd'hui.

Sophie : Ah oui, en effet !*² Notre projet est en bonne voie, heureusement.

(Le portable de Sophie sonne...)

M. Petit : Allô, Sophie ? Je cherche Sylvie. Savez-vous où elle est ?

Sophie : Pardon, je n'entends pas bien, je suis au restaurant. Pouvez-vous parler plus fort ? Qui est-ce que vous cherchez ?

M. Petit : Sylvie. J'essaie de la joindre*³ depuis une heure, mais personne ne répond.

Sophie : Elle est avec moi. Je vous la passe.

M. Petit : Allô, Sylvie ?

Sylvie : Oui, c'est moi. Qu'est-ce qui ne va pas ?

M. Petit : J'ai une question. Est-ce que c'est possible d'accueillir*⁴ 200 clients pour les fêtes de fin d'année ? C'est pour un groupe de chinois.

Sylvie : 200 clients ! Bon. J'arrive tout de suite.

*1 À votre santé ! とも言う。「健康を祝して！」という乾杯の時の表現。
*2 en effet :「たしかに」　　*3 joindre 〜 :「（人と）連絡を取る」　　*4 accueillir :「迎える、受け入れる」

CONVERSATION　Leçon 11

EXPRESSIONS

Pouvez-vous parler plus bas ?

もっと小さな声で話してくれませんか？

→ 〈Pouvez-vous / Peux-tu ＋不定法〉は、「〜してくれませんか？」と頼む場合に用いる。

ACTIVITÉS

A. p.74 のスキットについて、質問に答えましょう。

1. Où est Sophie ?
   – Elle est _____

2. Elle est avec qui ?
   – Elle est _____

3. Qui est-ce qui téléphone à Sophie ?
   – _____

4. Monsieur Petit, qui cherche-t-il ?
   – Il cherche _____

B. 例にならって下線部を入れ換え、依頼の表現のやりとりをしましょう。

ex.　A: Pouvez-vous marcher plus lentement*, (s'il vous plaît) ?　　* ↔ vite
　　　B: Bien sûr.

ex.　　　　　　1.　　　　　　　　2.　　　　　　　　3.

marcher plus lentement　　écrire votre nom　　chanter une chanson française　　épeler votre prénom

C. 音声を聞いて、フランス語を書きましょう。

1. _____ vous cherchez ?

2. _____ ne va pas ?

3. J'arrive _____ .

Leçon 11 CONVERSATION

AU CLAIR DE LA LUNE

Au clair de la lune, mon ami Pierrot.　　月明かりに　ぼくの友だちピエロ君
Prête-moi ta plume pour écrire un mot.　　ひとこと書くために　君の羽ペンを貸しておくれ
Ma chandelle est morte, je n'ai plus de feu.　　ぼくのろうそくは消えて　もう灯がないんだ
Ouvre-moi ta porte, pour l'amour de Dieu.　　ドアを開けてよ　おねがいだから

PRONONCIATION

綴りの読み方で注意が必要な子音を練習しましょう。綴りもよく確認してください。

1. [ʒ]　gentil　　manger　　bonjour　　jupe
2. [ʃ]　chanter　chose　　　pêche　　　chemin
3. [z]　usine　　Asie　　　 deuxième　azur
4. [s]　ça　　　 pousser　　dix　　　　bus
5. [r]　roi　　　vert　　　 guerre　　 rhume

アペリティフについて

　フランスの夕食は午後8〜9時過ぎと、日本に比べて遅くなっています。そのため、帰宅してからそれまでの時間、友人や隣人を招き、簡単なおつまみを手にapéritif（アペリティフ：食前酒パーティー）をすることが多くみられます。

　また、休日やバカンス中などにはfête（ホームパーティー）を盛んに行いますが、ここでも、パーティーに全員が集まるまで、アペリティフをします。他にも、会社の部内や大学のゼミなどでウェルカムパーティーやお別れパーティーとしてアペリティフが催されることがあります。

　飲むことそのものが目的というわけではなく、お酒やおつまみをつまむという時間を共有しながら会話を楽しむのが、アペリティフです。

VOCABULAIRE　Leçon 11

辞書を使って単語の意味を調べましょう。

	accueillir			joindre
	attendre			lentement
	bas(se)		( )	lettre
( )	bruit			lire
( )	cathédrale		( )	nom
( )	chandelle			oublier
( )	client			penser
( )	concert			perdre
( )	départ			personne
( )	Dieu		( )	plume
	dire		( )	porte
	écrire			possible
	entendre			recevoir
	épeler			rendre
( )	fête			répondre
( )	fêtes de fin d'année	クリスマスから元旦にかけての連休		retrouver
			( )	santé
( )	feu			sonner
	fort(e)		( )	tremblement de terre	地震 tremblement（m.）震え terre（f.）地
( )	groupe			
	haut(e)			vite
	heureusement		( )	voie
	irlandais(e)		( )	voix

77

Leçon 12　GRAMMAIRE

1　不規則動詞 devoir の直説法現在

devoir

je	dois	nous	devons
tu	dois	vous	devez
il	doit	ils	doivent

Je *dois* répondre à ce mail tout de suite.

Vous *devez* avoir faim.

複合過去　　j'ai dû, …

2　非人称構文

形式上の主語として、il が用いられる。

天候
- Quel temps fait-il ?　　– Il fait beau / mauvais.
- 　　　　　　　　　　　– Il fait chaud / froid.
- 　　　　　　　　　　　– Il pleut *.　　　　* pleut ＜ pleuvoir (p.91)
- 　　　　　　　　　　　– Il neige.
- Il fait 20 degrés.　　Il fait moins 10 degrés.
- Il a plu beaucoup hier soir.

時間
- Quelle heure est-il ?　（= Vous avez l'heure ?）
- 　　　　　　　　　　　– Il est deux heures dix.
- 　　　　　　　　　　　– Il est midi.
- 　　　　　　　　　　　– Il est minuit.

その他
- Il faut* gagner de l'argent pour vivre.　　* faut ＜ falloir (p.91)
- Il faut quinze minutes pour aller à la gare.
- Il y a des oiseaux sur le toit.
- Il est impossible de résoudre ce problème.

3　時刻の表現

Il est une heure.　　　　　　　　Il est dix heures moins le quart.

Il est six heures (du matin).　　Il est onze heures moins cinq.

Il est sept heures dix.　　　　　Il est midi.

Il est huit heures et quart.　　Il est quatre heures (de l'après-midi).

Il est neuf heures et demie.　　Il est minuit.

À quelle heure commence le spectacle ?

– Il commence à vingt heures [huit heures du soir].

GRAMMAIRE Leçon 12

EXERCISES

A. 例にならって、各地の天気を答えましょう。

ex. Quel temps fait-il à Paris ?　　　（天気がよい、風がある）

– À Paris, il fait beau et il y a du vent.

Quel temps fait-il à New York ?　　　（雪が降っている、とても寒い）

–

Quel temps fait-il à Pékin ?　　　（雨が降っている、少し寒い）

–

Quel temps fait-il à Tokyo ?　　　（天気がよい、少し暑い）

–

B. 時刻を言いましょう。

ex. Quelle heure est-il ?　– Il est neuf heures.

1. Quelle heure est-il ?　–
2. Quelle heure est-il ?　–
3. Quelle heure est-il ?　–
4. Quelle heure est-il ?　–

ex. 　1. 　2. 　3. 　4.

C. フランス語で表現しましょう。

1. 私たちは5時までにこの仕事を終えなくてはいけない。[devoir を用いて]

2. すぐに出発しなくてはいけません。[falloir を用いて]

Leçon 12 CONVERSATION

La fête de Noël

日本では雪はたくさん降りますか？

クリスマスが近い土曜日の昼過ぎ、タケシとミンとソフィーが話をしています。

Sophie : Il fait froid aujourd'hui !

Takeshi : Oui. Et il commence à neiger.

Minh : Il neige beaucoup au Japon ?

Takeshi : Oui, surtout dans le Nord.

Sophie : Takeshi, qu'est-ce que tu vas faire au Japon pendant les vacances de Noël ?

Takeshi : Je vais faire du ski à Nagano avec mes amis.

Sophie : Tu as de la chance ! Minh et moi, nous devons travailler pendant toutes les vacances. On va recevoir 200 clients chinois !

Takeshi : C'est dommage ! Ah, il est quelle heure ?

Minh : Il est une heure et demie.

Takeshi : Je suis désolé, je dois partir. Il faut une heure pour aller à l'aéroport de Roissy. Je dois arriver à deux heures et demie.

Sophie, Minh : Bon voyage, Takeshi ! À l'année prochaine !

Takeshi : À l'année prochaine !

CONVERSATION **Leçon 12**

ACTIVITÉS

A. 例にならって答えましょう。

　ex.　a： En général, tu prends ton petit déjeuner à quelle heure ?
　　　 b： (Je prends mon petit déjeuner) à sept heures et demie.

1. Tu arrives à l'université à quelle heure ?

2. Le cours de français commence à quelle heure ?

3. Il (= le cours de français) finit à quelle heure ?

4. Le restaurant universitaire ferme à quelle heure ?

5. Tu rentres chez toi vers quelle heure ?

B. 例にならって下線部を入れ換え、各地の天気についてやりとりをしましょう。

　ex.　a： Quel temps fait-il à Paris ?
　　　 b： Il y a du vent.

ex.　　　　　1.　　　　　　2.　　　　　　3.　　　　　　4.

Paris　　　Chamonix　　　Marseille　　　Cherbourg　　　Bruxelles

Leçon 12 CONVERSATION

C. タケシのメールを参考にしながら、フランス語のメールを書きましょう。

> Sujet : Meilleurs vœux
>
> Chère Sophie,
>
> Comment vas-tu ? Minh, il va bien ?
> J'espère que tout se passe bien avec les clients chinois.
> Moi, je suis en pleine forme.
> J'ai passé le jour du réveillon avec ma famille.
> Maintenant, je suis à Nagano.
> Je fais du ski tous les jours. Il fait beau.
> Je vais retourner en France dans une semaine.
> Je vous rapporte du mochi (pâte de riz cuite à la vapeur).
> Je vous souhaite à tous une bonne année et vous dis à bientôt !
>
> Amicalement,
> Takeshi

D. 音声を聞いて、フランス語を書きましょう。

1. _____ aujourd'hui !
2. _____ tu vas _____ au Japon ?
3. Il est _____ ?

PRONONCIATION

フランス語のアクセントは英語のように常に固定されているわけでなく、文中では、文法および意味の上でまとまった語群の最終音節に移動します。この語群はリズム・グループ (groupe rythmique) と呼ばれ、文はいくつかのリズム・グループ（1つ以上）から構成されます。

→ グループの間にわずかにポーズをおき、リズム・グループの最終音節を他の音節よりもやや長めに発音します。

リズム・グループを意識しながら読んでみましょう。

1. Moi, // j'aime le foot.
2. J'ai fait mon stage // dans un hôtel à Tokyo // il y a trois ans.
3. J'essaie de la joindre // depuis une heure, // mais personne ne répond.
4. Minh et moi, // on doit travailler // toute la nuit.

VOCABULAIRE **Leçon 12**

辞書を使って単語の意味を調べましょう。

	amicalement	
( )	année	
	bientôt	
	cher(ère)	
	commencer	→ p.84
	cuit(e) à la vapeur	蒸した（=蒸気で火を通した）
	devoir	
( )	dommage	
	espérer	→ p.84
	falloir	
	fermer	
( )	forme	
	gagner	
	impossible	
	jusque	
	maintenant	
	meilleur(e)	
	minuit	
( )	minute	
	moins	
	neiger	
( )	oiseau(x)	

( )	pâte	
	pendant	
	plein(e)	
	pleuvoir	
	prochain(e)	
( )	quart	
	rapporter	
	résoudre	
	retourner	
( )	réveillon	
( )	ski	
	souhaiter	
( )	spectacle	
	surtout	
( )	toit	
	universitaire	
( )	vent	
	vers	
	vivre	
( )	vœu(x)	
( )	voyage	

◆ 方　角 (les directions)

nord	北	au nord	北に
sud	南	au sud	南に
est	東	à l'est	東に
ouest	西	à l'ouest	西に
centre	中央	au centre	中央に

APPENDICE

1 基本文型

I Takeshi marche.
　　主語　＋　自動詞

II Lisa est pâtissière.
　　主語 + 自動詞 + 属詞

III Lisa regarde la télévision.
　　主語 + 他動詞 + 直接目的補語

IV Takeshi téléphone à Lisa.
　　主語 ＋ 他動詞 ＋ 間接目的補語

V Takeshi montre ces photos à Lisa.
　　主語 ＋ 他動詞 ＋ 直接目的補語 + 間接目的補語

VI Takeshi trouve ce film intéressant.
　　主語 ＋ 他動詞 ＋ 直接目的補語 + 属詞

主　語	sujet
自動詞	verbe intransitif
他動詞	verbe transitif
直接目的補語	complément d'objet direct
間接目的補語	complément d'objet indirect
属　詞	attribut
状況補語	complément circonstanciel

Jean marche lentement.

2 第1群規則動詞で一部特別な形になるもの

acheter

j'	ach**è**te
tu	ach**è**tes
il	ach**è**te
nous	achetons
vous	achetez
ils	ach**è**tent

同型　lever
　　　élever　など

préférer

je	préf**è**re
tu	préf**è**res
il	préf**è**re
nous	préférons
vous	préférez
ils	préf**è**rent

同型　espérer
　　　répéter　など

appeler

j'	appe**ll**e
tu	appe**ll**es
il	appe**ll**e
nous	appelons
vous	appelez
ils	appe**ll**ent

同型　jeter
　　　rappeler　など

manger

je	mange
tu	manges
il	mange
nous	mang**e**ons
vous	mangez
ils	mangent

同型　changer
　　　voyager　など

commencer

je	commence
tu	commences
il	commence
nous	commen**ç**ons
vous	commencez
ils	commencent

同型　placer
　　　déplacer　など

APPENDICE

3 補語人称代名詞

次の人称代名詞の表のうち、直接目的補語と間接目的補語を総称して補語人称代名詞という。

	直接目的補語	間接目的補語	強勢形
je	me (m')	me (m')	moi
tu	te (t')	te (t')	toi
il	le (l')	lui	lui
elle	la (l')	lui	elle
nous	nous	nous	nous
vous	vous	vous	vous
ils	les	leur	eux
elles	les	leur	elles

● 併用するときの語順

直接目的補語の代名詞 le, la, les は、間接目的補語の代名詞と併用することができる。

1. 肯定命令以外　動詞の直前

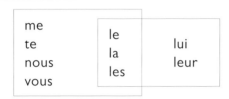

Envoyez-vous ce colis à M. Petit ?　– Oui, je *le lui* envoie.
Est-ce que tu me prêtes ta voiture ?　– Non, je ne *te la* prête pas.
Je vais montrer ces photos à Sylvie.　→ Je vais *les lui* montrer.

2. 肯定命令

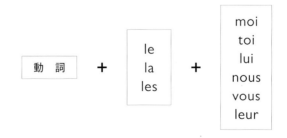

Montrez-*les-moi*.　　Donne-*le-lui*.

4 代名動詞
再帰代名詞を伴う動詞

se coucher

je	**me**	couche
tu	**te**	couches
il	**se**	couche
nous	**nous**	couchons
vous	**vous**	couchez
ils	**se**	couchent

s'appeler

je	**m'**	appelle
tu	**t'**	appelles
il	**s'**	appelle
nous	**nous**	appelons
vous	**vous**	appelez
ils	**s'**	appellent

Comment *vous appelez*-vous ?　　– Je *m'appelle* Takeshi Yamaguchi.
Je *me lève* à six heures et demie.　Takeshi et Lisa *se téléphonent* souvent.
Ce CD *se vend* bien.　　　　　　 Je *me souviens* bien de cette soirée.

5 中性代名詞 en, y, le

● 語　順

| 肯定命令以外 | 動詞の直前に置く。 | 肯定命令 | 動詞の直後に置く。 |

en
〈de ～〉に代わる

1. 〈de + 名詞〉に代わる
   Vous venez de Lyon ?　　　　　　– Oui, j'*en* viens.
   Ils parlent de leur voyage ?　　　　– Oui, ils *en* parlent.
2. 不定冠詞、部分冠詞、数詞などのついた名詞に代わる。
   Tu as acheté des tomates ?　　　　– Oui, j'*en* ai acheté.
   Combien de frères a-t-il ?　　　　　– Il *en* a deux.

y
〈à ～〉に代わる

1. 〈à（または en, dans など）+ 場所〉に代わる。
   Vous habitez à Paris ?　　　　　　– Oui, j'*y* habite.
   Tu vas en Espagne ?　　　　　　　– Oui, j'*y* vais cet été.
2. 〈à + 名詞〉に代わる。
   Tu penses à ton avenir ?　　　　　– Oui, j'*y* pense sérieusement.
   Vous avez assisté à cette réunion ?　– Non, je n'*y* ai pas assisté.

le

1. 属詞（形容詞や名詞）に代わる。
   Tu es fatiguée ?　　　　　　　　　– Non, je ne *le* suis pas.
   Vous êtes étudiant ?　　　　　　　– Non, je ne *le* suis pas.
2. 不定法や節に代わる。
   Est-ce que je peux ouvrir la fenêtre ?　– Oui, vous *le* pouvez.
   Savez-vous qu'elle est malade ?　　　– Oui, je *le* sais.

動詞活用表

1. **avoir**
2. **être**
3. **chanter**
4. **arriver**
5. **finir**
6. **aller**
7. **boire**
8. **connaître**
9. **croire**
10. **devoir**
11. **dire**
12. **écrire**
13. **faire**
14. **lire**
15. **mettre**
16. **mourir**
17. **naître**
18. **ouvrir**
19. **partir**
20. **plaire**
21. **pouvoir**
22. **prendre**
23. **rendre**
24. **savoir**
25. **tenir**
26. **venir**
27. **voir**
28. **vouloir**
29. **falloir**
30. **pleuvoir**

	不定法 過去分詞	直説法		命令法	備考
		現在	複合過去		
1	**avoir** eu	j'ai tu as il a nous avons vous avez ils ont	j'ai eu tu as eu il a eu nous avons eu vous avez eu ils ont eu	aie ayons ayez	
2	**être** été	je suis tu es il est nous sommes vous êtes ils sont	j'ai été tu as été il a été nous avons été vous avez été ils ont été	sois soyons soyez	
3	**chanter** chanté	je chante tu chantes il chante nous chantons vous chantez ils chantent	j'ai chanté tu as chanté il a chanté nous avons chanté vous avez chanté ils ont chanté	chante chantons chantez	第1群 規則動詞
4	**arriver** arrivé	j'arrive tu arrives il arrive nous arrivons vous arrivez ils arrivent	je suis arrivé(e) tu es arrivé(e) il est arrivé nous sommes arrivé(e)s vous êtes arrivé(e)(s) ils sont arrivés	arrive arrivons arrivez	第1群 規則動詞
5	**finir** fini	je finis tu finis il finit nous finissons vous finissez ils finissent	j'ai fini tu as fini il a fini nous avons fini vous avez fini ils ont fini	finis finissons finissez	第2群 規則動詞
6	**aller** allé	je vais tu vas il va nous allons vous allez ils vont	je suis allé(e) tu es allé(e) il est allé nous sommes allé(e)s vous êtes allé(e)(s) ils sont allés	va allons allez	
7	**boire** bu	je bois tu bois il boit nous buvons vous buvez ils boivent	j'ai bu tu as bu il a bu nous avons bu vous avez bu ils ont bu	bois buvons buvez	
8	**connaître** connu	je connais tu connais il connaît nous connaissons vous connaissez ils connaissent	j'ai connu tu as connu il a connu nous avons connu vous avez connu ils ont connu	connais connaissons connaissez	同変化 reconnaître paraître

不定法 過去分詞	直 説 法		命令法	備 考
	現 在	複合過去		
9 **croire** cru	je crois tu crois il croit nous croyons vous croyez ils croient	j'ai cru tu as cru il a cru nous avons cru vous avez cru ils ont cru	crois croyons croyez	
10 **devoir** dû, due dus, dues	je dois tu dois il doit nous devons vous devez ils doivent	j'ai dû tu as dû il a dû nous avons dû vous avez dû ils ont dû		
11 **dire** dit	je dis tu dis il dit nous disons **vous dites** ils disent	j'ai dit tu as dit il a dit nous avons dit vous avez dit ils ont dit	dis disons **dites**	
12 **écrire** écrit	j'écris tu écris il écrit nous écrivons vous écrivez ils écrivent	j'ai écrit tu as écrit il a écrit nous avons écrit vous avez écrit ils ont écrit	écris écrivons écrivez	
13 **faire** fait	je fais tu fais il fait nous faisons **vous faites** ils font	j'ai fait tu as fait il a fait nous avons fait vous avez fait ils ont fait	fais faisons **faites**	
14 **lire** lu	je lis tu lis il lit nous lisons vous lisez ils lisent	j'ai lu tu as lu il a lu nous avons lu vous avez lu ils ont lu	lis lisons lisez	
15 **mettre** mis	je mets tu mets il met nous mettons vous mettez ils mettent	j'ai mis tu as mis il a mis nous avons mis vous avez mis ils ont mis	mets mettons mettez	同変化 permettre
16 **mourir** mort	je meurs tu meurs il meurt nous mourons vous mourez ils meurent	je suis mort(e) tu es mort(e) il est mort nous sommes mort(e)s vous êtes mort(e)(s) ils sont morts	meurs mourons mourez	

不定法 過去分詞	直説法		命令法	備考
	現在	複合過去		
17 **naître** né	je nais tu nais il naît nous naissons vous naissez ils naissent	je suis né(e) tu es né(e) il est né nous sommes né(e)s vous êtes né(e)(s) ils sont nés	nais naissons naissez	
18 **ouvrir** ouvert	j'ouvre tu ouvres il ouvre nous ouvrons vous ouvrez ils ouvrent	j'ai ouvert tu as ouvert il a ouvert nous avons ouvert vous avez ouvert ils ont ouvert	ouvre ouvrons ouvrez	同変化 découvrir offrir
19 **partir** parti	je pars tu pars il part nous partons vous partez ils partent	je suis parti(e) tu es parti(e) il est parti nous sommes parti(e)s vous êtes parti(e)(s) ils sont partis	pars partons partez	同変化 dormir sentir sortir
20 **plaire** plu	je plais tu plais il plaît nous plaisons vous plaisez ils plaisent	j'ai plu tu as plu il a plu nous avons plu vous avez plu ils ont plu	plais plaisons plaisez	
21 **pouvoir** pu	je peux (puis) tu peux il peut nous pouvons vous pouvez ils peuvent	j'ai pu tu as pu il a pu nous avons pu vous avez pu ils ont pu		
22 **prendre** pris	je prends tu prends il prend nous prenons vous prenez ils prennent	j'ai pris tu as pris il a pris nous avons pris vous avez pris ils ont pris	prends prenons prenez	同変化 apprendre comprendre reprendre
23 **rendre** rendu	je rends tu rends il rend nous rendons vous rendez ils rendent	j'ai rendu tu as rendu il a rendu nous avons rendu vous avez rendu ils ont rendu	rends rendons rendez	同変化 entendre attendre perdre répondre vendre

	不定法 過去分詞	直説法		命令法	備考
		現在	複合過去		
24	**savoir** su	je sais tu sais il sait nous savons vous savez ils savent	j'ai su tu as su il a su nous avons su vous avez su ils ont su	sache sachons sachez	
25	**tenir** tenu	je tiens tu tiens il tient nous tenons vous tenez ils tiennent	j'ai tenu tu as tenu il a tenu nous avons tenu vous avez tenu ils ont tenu	tiens tenons tenez	
26	**venir** venu	je viens tu viens il vient nous venons vous venez ils viennent	je suis venu(e) tu es venu(e) il est venu nous sommes venu(e)s vous êtes venu(e)(s) ils sont venus	viens venons venez	同変化 devenir revenir
27	**voir** vu	je vois tu vois il voit nous voyons vous voyez ils voient	j'ai vu tu as vu il a vu nous avons vu vous avez vu ils ont vu	vois voyons voyez	同変化 revoir
28	**vouloir** voulu	je veux tu veux il veut nous voulons vous voulez ils veulent	j'ai voulu tu as voulu il a voulu nous avons voulu vous avez voulu ils ont voulu	veuille veuillons veuillez	
29	**falloir** fallu	il faut	il a fallu		
30	**pleuvoir** plu	il pleut	il a plu		

著　者　：大岩 昌子（おおいわ しょうこ）
　　　　　坂本 久生（さかもと ひさお）
　　　　　田村 真理（たむら まり）
　　　　　米山　優（よねやま まさる）
　　　　　ファブリス・ルヴァロワ（Fabrice Levallois）

コラム執筆：安藤 博文（あんどう ひろふみ）

パラレル 1

2018 年 3 月 10 日　第 1 刷発行
2023 年 3 月 30 日　第 4 刷発行

著　者©大　　岩　　昌　　子
　　　　坂　　本　　久　　生
　　　　田　　村　　真　　理
　　　　米　　山　　　　優
　　　　ファブリス・ルヴァロワ
発行者　岩　堀　雅　己
印刷所　株 式 会 社 三 秀 舎

発行所　〒101-0052 東京都千代田区神田小川町 3 の 24
　　　　電話 03-3291-7811（営業部），7821（編集部）　株式会社白水社
　　　　www.hakusuisha.co.jp
　　　　乱丁・落丁本は送料小社負担にてお取り替えいたします。

振替 00190-5-33228　　　Printed in Japan　　誠製本株式会社
ISBN978-4-560-06127-5

▷本書のスキャン、デジタル化等の無断複製は著作権法上での例外を除き禁じられています。本書を代行業者等の第三者に依頼してスキャンやデジタル化することはたとえ個人や家庭内での利用であっても著作権法上認められていません。

よくわかる学習辞典のナンバーワン！
ディコ仏和辞典（新装版）

中條屋 進／丸山義博／
G.メランベルジェ／吉川一義［編］

　定評ある，オールラウンドな学習辞典．インターネットや遺伝子技術の用語など今日のフランス語に対応．和仏索引には「パソコン」「環境」他の囲みと，世界の国名・首都一覧を付し，この一冊で和仏もOKのイチオシ辞典．白水社ウェブサイトより，発音と綴り字，会話表現の音源を無料ダウンロードできます．
【語数】35000　【発音表記】発音記号＋カタカナ
（2色刷）B6変型　1817頁　定価4070円（本体3700円）

パスポート初級仏和辞典（第3版）

内藤陽哉／玉田健二／C.レヴィアルヴァレス［編］

　超ビギナー向け入門辞典の第3版．カナ発音など親切設計に加え，活用形見出しの強化／《仏検》5級必須語明示／会話表現欄新設など使い勝手激増．収録5000語．
（2色刷）B6判　364頁　定価2860円（本体2600円）

パスポート仏和・和仏小辞典　第2版

内藤陽哉／玉田健二／C.レヴィアルヴァレス［編］

　カナ発音の「仏和（20000語）」＋用例入り本格「和仏（8000語）」＋ジャンル別和仏語彙集．用例をふんだんに盛り込んだ使いやすさ抜群の辞典．多彩な情報をスリムなボディに凝縮．（2色刷）B小型　701頁　定価2750円（本体2500円）

会話＋文法◆入門書の決定版がパワーアップ
ニューエクスプレスプラス　フランス語

東郷雄二［著］

　フランス語の世界へようこそ！　きっかけはなんであっても，大事なのは最初の一歩．言葉の扉の向こうには新しい世界が待っています．音声アプリあり．
（2色刷）A5判　159頁　定価2090円（本体1900円）【CD付】

重版にあたり，価格が変更になることがありますので，ご了承ください．

入門・文法

フラ語入門、わかりやすいにもホドがある！[改訂新版] 【音声アプリあり】
清岡智比古[著] 楽しく学べる入門書. 【CD付】
(2色刷) A5判 197頁 定価1760円（本体1600円）

フランス語のABC [新版] 【音声アプリあり】
数江譲治[著] 一生モノのリファレンス.
(2色刷) 四六判 274頁 定価2420円（本体2200円）

アクション！ フランス語 A1
根木昭英／野澤督／G.ヴェスィエール[著]
ヨーロッパスタンダード. 【音声ダウンロードあり】
(2色刷) A5判 151頁 定価2420円（本体2200円）

みんなの疑問に答える つぶやきのフランス語文法
田中善英[著] フランス語学習を徹底サポート.
(2色刷) A5判 273頁 定価2860円（本体2600円）

発音・会話

はじめての声に出すフランス語
高岡優希／ジャン＝ノエル・ポレ／富本ジャニナ[著]
語学の独習は最初が肝心！ 【CD付】
A5判 108頁 定価1980円（本体1800円）

声に出すフランス語 即答練習ドリル 初級編 【音声ダウンロードあり】
高岡優希／ジャン＝ノエル・ポレ／富本ジャニナ[著]
1200の即答練習で反射神経を鍛える！
A5判 122頁 定価2420円（本体2200円）

声に出すフランス語 即答練習ドリル 中級編
高岡優希／ジャン＝ノエル・ポレ／富本ジャニナ[著]
ほんとうの中級者になろう！ 【CD2枚付】
A5判 112頁 定価2420円（本体2200円）

やさしくはじめるフランス語リスニング
大塚陽子／佐藤クリスティーヌ[著]
リスニングのはじめの一歩を. 【音声アプリあり】
(一部2色刷) A5判 117頁 定価2310円（本体2100円）

サクサク話せる！ フランス語会話
フローラン・ジレル・ボニニ[著]
ネイティブとの会話は怖くない！ 【音声アプリあり】
A5判 146頁 定価2530円（本体2300円）

日記・作文

フランス語で日記をつけよう
長野督[著] 毎日「ちょこっと」で実力アップ！
A5判 184頁 定価1870円（本体1700円）

表現パターンを身につける フランス語作文
塩谷祐人[著] 練習問題でパターンを習得！
A5判 191頁 定価2420円（本体2200円）

問題集

フラ語問題集、なんか楽しいかも！
清岡智比古[著] 【音声ダウンロードあり】
(2色刷) A5判 218頁 定価2090円（本体1900円）

1日5題文法ドリル つぶやきのフランス語
田中善英[著] 日常生活で使える1500題.
四六判 247頁 定価2090円（本体1900円）

フランス文法はじめての練習帳
中村敦子[著] まずはこの一冊をやりきろう！
A5判 186頁 定価1760円（本体1600円）

15日間フランス文法おさらい帳 [改訂版]
中村敦子[著] ドリル式で苦手項目を克服！
A5判 163頁 定価1980円（本体1800円）

仏検対策 5級問題集 三訂版 【CD付】
小倉博史／モーリス・ジャケ／舟杉真一[編著]
A5判 127頁 定価1980円（本体1800円）

仏検対策 4級問題集 三訂版 【CD付】
小倉博史／モーリス・ジャケ／舟杉真一[編著]
A5判 147頁 定価2090円（本体1900円）

仏検対策 3級問題集 三訂版 【CD付】
小倉博史／モーリス・ジャケ／舟杉真一[編著]
A5判 198頁 定価2200円（本体2000円）

動詞活用

フランス語動詞完全攻略ドリル
岩根久／渡辺貴規子[著] 1500問をコツコツこなす.
A5判 189頁 定価2200円（本体2000円）

徹底整理 フランス語動詞活用 55
高橋信良／久保田剛史[著] 【音声ダウンロードあり】
(2色刷) A5判 134頁 定価1980円（本体1800円）

単語集／熟語集

フラ語入門、ボキャブラ、単語王とはおこがましい！[増補新版]
清岡智比古[著] 【音声ダウンロードあり】
(2色刷) A5判 263頁 定価2090円（本体1900円）

《仏検》3・4級必須単語集 [新装版] 【CD付】
久松健一[著] 基礎語彙力養成にも最適！
四六判 234頁 定価1760円（本体1600円）

DELF A2 対応 フランス語単語トレーニング 【音声ダウンロードあり】
モーリス・ジャケ／舟杉真一／服部悦子[著]
四六判 203頁 定価2640円（本体2400円）

DELF B1・B2 対応 フランス語単語トレーニング 【音声ダウンロードあり】
モーリス・ジャケ／舟杉真一／服部悦子[著]
四六判 202頁 定価2860円（本体2600円）

重版にあたり，価格が変更になることがありますので，ご了承ください．

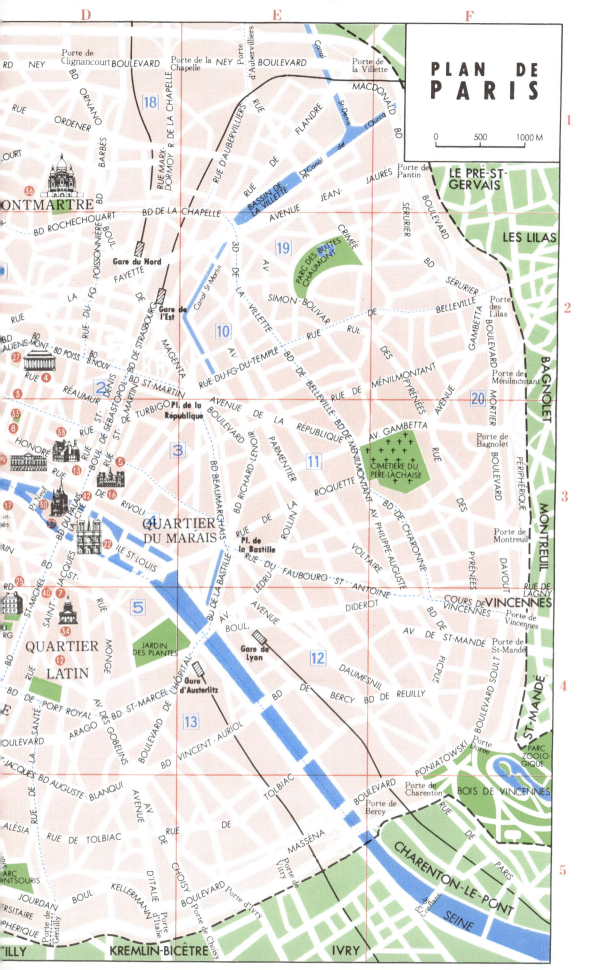